Befreite Sklaven

und andere Geschichten

herausgegeben
von
Paul Waltersbacher

Verlag Christliche Schriftenverbreitung
Hückeswagen

Inhalt

ISBN 3-89287-807-2

Postfach 100153, 42490 Hückeswagen
Zeichnungen:
Seite 63/70: Walter Brockhaus

Gesamtherstellung:
St.-Johannis-Druckerei, 77922 Lahr
Printed in Germany

Befreite Sklaven

Mariental

In einem lieblichen Tal des nordamerikanischen Staates Louisiana hatte sich zu Anfang des neunzehnten Jahrhunderts ein deutscher Landwirt namens Philipp Leonhard mit seiner Familie angesiedelt. Fast in der Mitte des Tales, an einem breiten Bach, der in einer Entfernung von einer halben Stunde in den Mississippi mündet, stand das geräumige Wohnhaus, an das sich die Wirtschaftsgebäude anschlossen, die ringsum von duftenden Gärten umgeben waren. Weitumher sah man angebaute Felder und grüne Wiesen, von dunklen, waldbewachsenen Hügeln umgeben. Diesem schönen Flecken Erde hatte Leonhard zu Ehren seiner Frau Marie den Namen Mariental gegeben.

An einem warmen Sommerabend hatten sich die meisten Bewohner schon in das Haus zurückgezogen, um hier ihr Tagwerk zu beschließen; nur auf der steinernen Treppe draußen saßen noch zwei Negerkinder und waren fleißig beim Flechten von Binsenkörben.

»Unsere Missis ist doch sehr gut zu uns!«, sagte Christine, ein Mädchen von elf Jahren. »Hat sie mich nicht gepflegt, als ich krank war, als ob ich nicht ein armes Negermädchen, sondern ihr eigenes Kind wäre – bis ich wieder gesund wurde und jetzt wieder arbeiten kann wie du, Johannes?«

»Und unser Massa, Christine!«, versetzte eifrig der zwölfjährige Junge, indem er seine Arbeit einen Augenblick ruhen ließ. »Haben wir nicht lesen, schreiben und rechnen lernen dürfen? Und hat er uns nicht alles von Gott und dem Heiland erzählt, an den wir jetzt glauben?«

»Ach«, sagte das Mädchen, indem ihr Tränen in die Augen traten, »wenn doch unsere arme Mutter es auch so gut hätte. Wer weiß, wie es ihr jetzt geht und ob sie überhaupt noch lebt?«

»Sei still, Christine!«, suchte der Bruder sie zu trösten, während er ihre Hand ergriff. »Denk an den schönen Vers aus dem Lied, das Massa Leonhard uns neulich auswendig lernen ließ, als wir auch einmal wieder über das Schicksal unserer Mutter so bekümmert waren:

Was Gott tut, das ist wohlgetan;
nur Er weiß, was uns nützet.
Der irrt auf ungewisser Bahn,
der sich auf Ihn nicht stützet.
Ja, Seine Treu' ist täglich neu;
drum will ich auf Ihn bauen
und Seiner Güte trauen.«

In diesem Augenblick tönte die wohlbekannte Glocke, die um diese Stunde alle Bewohner des Hauses zum gemeinschaftlichen Abendgebet zusammenrief. Die Geschwister legten die Arbeit beiseite; Christine trocknete sich mit ihrer Schürze die Tränen, und beide gingen in das Haus. Hier fanden sie die große Familie bereits beisammen. Jedes hatte seinen besonderen Platz. Oben stand der Hausvater, an seiner rechten Seite seine Frau, an die sich ihre fünf Kinder anreihten; an seiner linken Seite standen, nach dem Alter geordnet, zuerst seine männlichen und dann seine weiblichen Dienstboten, unter denen auch Johannes und Christine sich einordneten.

Als der Hausvater seine Hausgemeinde vollzählig sah, begann ein melodischer Gesang, der durch die geöffneten Fenster sanft im Tal verhallte. Darauf las Herr Leonhard einen Abschnitt aus Gottes Wort und sprach ein einfaches, herzliches Gebet. Er dankte dem Herrn für alle geistlichen und leiblichen Wohltaten, die Er ihnen allen auch am heutigen Tag erwiesen habe; er bat Gott um Hilfe, ein Ihm wohlgefälliges Leben zu führen und dem Herrn und Erlöser ähnlicher zu werden. Schließlich empfahl er sich und sein ganzes Haus für diese Nacht dem Schutz Gottes, dass Er sie bewahren und gestärkt zum neuen Tagwerk erwachen lassen möge.

Ein nochmaliger kräftiger Gesang beschloss die schlichte Abendandacht. Alle wünschten sich gute Nacht, und nach einer halben Stunde lag tiefe Stille über Haus, Feld und Wald.

Eine böse Nachricht

Am anderen Morgen bemerkten Johannes und Christine an der Familie ihres Herrn und Beschützers eine seltsame Unruhe. Herr Leonhard war nicht wie sonst hinausgegangen, um die Arbeiten seiner Leute zu leiten, sondern hatte sich mit seiner Frau und seinem ältesten Sohn Wilhelm eingeschlossen. Die Mädchen, Marie, Auguste und Luise blieben heute mit dem kleinen Heinrich im Wohnzimmer, und wenn eines über den Hausflur ging, so suchte es vergebens seine rotgeweinten Augen zu verbergen.

Es war noch nicht Mittag, da erscholl plötzlich laut die Glocke durch das Gehöft. Johannes und Christine, die, wieder mit ihrer gestrigen Arbeit beschäftigt, auf dem Vorplatz des Hauses saßen, schraken heftig zusammen. Sie wussten nicht, was dieses Geläute zu einer so ungewöhnlichen Stunde bedeutete; aber es war ihnen, als ob es ein großes Unglück verkünde. Sie ließen ihre Arbeit fallen; jeder neue Klang drang ihnen durch Mark und Bein.

Von allen Seiten eilten jetzt, halb erschrocken, halb neugierig, die Knechte und Mägde herbei. Wilhelm stand am Eingang des Hauses und sagte ihnen, sich in den großen Saal zu begeben. Bald hatte sich darin, außer dem Hausherrn, wieder dieselbe Schar wie am vorhergehenden Abend eingefunden, nur dass man diesmal statt ruhiger, freundlicher Mienen auf allen Gesichtern äußerste Spannung sehen konnte. Ein dumpfes Gemurmel lief durch den Raum. Man flüsterte sich allerlei Vermutungen zu. Frau Leonhard hatte sich, um sich all den forschenden Blicken zu entziehen, mit ihren Kindern schweigend vor ein Fenster gestellt.

Endlich öffnete sich die Tür und Herr Leonhard trat ein. Alle Blicke flogen ihm entgegen; große Stille herrschte im Saal. Die Miene des Mannes war ernst und sein Gesicht bleicher als gewöhnlich, aber auf seiner Stirn lag Ruhe und um seinen Mund spielte fast etwas wie ein Lächeln. Johannes und Christine atmeten erleichtert auf, als sie in sein Gesicht sahen. Jetzt trat Herr Leonhard mit festem Schritt vor und sprach zu seinen Leuten:

»Freunde, eine schwere Prüfung hat mir der Herr auferlegt –, wir müssen uns noch heute trennen. Eine Firma in New Orleans, in der ich einen großen Teil meines Vermögens niedergelegt hatte, ist zahlungsunfähig geworden; und derselbe Brief, der mir heute Morgen diese Nachricht brachte, enthält auch die andere, dass ich einen wichtigen Prozess, in den ich gleich nach meiner Ankunft in diesem Land verwickelt wurde, verloren habe. So bin ich plötzlich fast dem Ärmsten unter euch gleich geworden. Noch heute kommt der neue Eigentümer, um dieses Haus, diese Gärten, diese Felder und alles, was hier mein war, in Besitz zu nehmen.«

Er hielt inne. Bei dem Gedanken, die liebe Heimat, die er sich durch jahrelangen Fleiß in der Mitte einer Wildnis gegründet hatte, verlassen zu müssen, bebte seine Stimme. Seine Dienstleute weinten und jammerten laut. Sie ergriffen seine Hände und die Hände seiner Frau und gelobten, sie nicht zu verlassen, sondern ihnen mit dem Schweiß ihres Angesichts ein neues Besitztum gründen zu helfen. Herr Leonhard dankte ihnen gerührt für ihre Anhänglichkeit und Treue, wies sie aber sanft zurück und trat zu Johannes und Christine, die demütig im Hintergrund standen.

»Ihr armen Kinder«, sprach er zu ihnen, »euch muss ich noch das Schwerste sagen. Nie habe ich vor euch Negersklaven gehabt. Aber als ich euch vor zwei Jahren in New Orleans auf dem Markt stehen sah – eure Rücken und eure Arme waren mit Peitschenstriemen bedeckt, eure Mutter war gerade von eurer Seite hinweg nach Kentucky verkauft worden und auf euch hatte der grausame John Blair ein Angebot gemacht –, da kaufte ich euch, um euch aus der Hand dieses Unmenschen zu erretten. Ich hatte im Sinn, euch in kurzem die Freiheit zu schenken; aber leider steht dies jetzt nicht mehr in meiner Macht. Eben jenem Blair ist mein ganzes noch übriges Besitztum zugefallen und ihr mit ihm. Bereits hat er, wie mein Anwalt schreibt, sein gieriges Auge auf euch geworfen und will euch mir unter keinen Bedingungen überlassen. Doch verzagt darum nicht! Fürchtet euch nicht vor denen, die den Leib töten, aber die Seele nicht zu töten vermögen; fürchtet euch vielmehr vor dem, der Leib und Seele zu verderben vermag in die Hölle! Vertraut auf Gott

und bleibt dem Herrn Jesus treu! Und besonders: Liebet eure Feinde! Segnet, die euch fluchen! Tut wohl denen, die euch hassen! Bittet für die, die euch beleidigen und verfolgen!«

Johannes und Christine sanken nieder und umfassten schluchzend die Knie ihres väterlichen Wohltäters. Dieser legte die Hände auf ihren Kopf und segnete sie, hob sie dann vom Boden auf und küsste einen nach dem anderen auf die Stirn. Auch Frau Leonhard trat herzu und drückte die verlassenen Negerkinder mit Mutterliebe und Zärtlichkeit an ihre Brust, während sie ihnen unter Tränen Worte des Trostes zusprach. Ihre drei Töchter hatten Johannes und Christine bei den Händen gefasst und streichelten ihnen die tränenfeuchten Wangen. Wilhelm, der älteste Sohn, sagte: »Befehlt dem Herrn eure Wege und hofft auf Ihn; Er wird's wohlmachen. Er ist ein Erlöser und Nothelfer: Er hat Daniel von den Löwen errettet.«

Der kleine fünfjährige Heinrich aber suchte Christine, die er besonders liebte, mit seinem weißen Tuch die Tränen von den Augen zu trocknen und sagte: »Wenn Menschenhilfe dir gebricht, dann hoff auf Gott und zage nicht!«

Diesen Vers hatte das Kind vor kurzem von seiner Mutter gelernt.

Die Familie samt den Dienstboten zerstreute sich jetzt, um die kleine Habe, die sie mitnehmen durften, zur Abreise zusammenzupacken. Johannes und Christine aber gingen in ihr Zimmerchen, schlossen die Tür zu, fielen auf ihre Knie nieder und beteten laut und inbrünstig, obwohl von vielem Weinen unterbrochen, zu dem, der der Gott der Schwarzen wie der Weißen ist und dessen Vaterauge mit derselben Liebe auf die Armen wie auf die Reichen herabsieht, auf die Niedrigen wie auf die Vornehmen.

Als sie sich von ihrem Gebet erhoben, fühlten sie sich gestärkt und ermutigt und gingen erleichterten Herzens wieder zu der Familie hinab. Christine half sogleich bei ihren Reisevorbereitungen und holte bald diesen, bald jenen Gegenstand herbei, der noch eingepackt werden sollte. Johannes aber ging mit einem aus feinsten Binsen geflochtenen Korb, den er erst heute fertiggemacht hatte, schnell in den Garten und füllte ihn dort mit schönen reifen Orangen, damit diese seinen Wohltätern unterwegs zur Erquickung dienen sollten.

Die Abreise

Die Reisezurüstungen waren gegen Abend kaum fertig, als man Herrn Blair mit einigen Gerichtspersonen und Dienern auf dem Wiesenweg heranreiten sah. Er war ein kleiner, breitschultriger Mann. Unter seinem Hut drängten sich dichte Büschel roter Haare hervor. Sein aufgedunsenes Gesicht war mit Blatternarben bedeckt und von einem wilden Bart umgeben. Unheimlich blitzten unter den buschigen Brauen seine Augen hervor. Vor seinem Pferd her sprangen zwei große Doggen.

Christine hatte gerade zum letzten Mal ihr Kämmerchen besucht und ging langsam auf das Haustor zu, als Blair mit seiner Begleitung auf dem Vorplatz anhielt und vom Pferd stieg. Sobald ihr Auge auf ihn fiel, sprang sie erschreckt davon und eilte über den Hausflur zu ihrer bisherigen Herrin, an die sie sich fest anklammerte, als ob sie ihr Schutz gegen den furchtbaren Mann gewähren könnte.

Während einige seiner Diener die Pferde in einem Stall unterbrachten, trat Blair mit seinen übrigen Begleitern in das Haus, um das neue Eigentum zu besichtigen und in Besitz zu nehmen. Herr Leonhard kam ihm höflich entgegen und erbot sich, ihm die Einrichtung des Hauses zu zeigen. Aber Blair maß ihn mit verächtlichen Blicken und ging, ohne ihn auch nur einer Antwort zu würdigen, an ihm vorbei.

Da Herr Leonhard Blairs Gesinnung kannte, so hatte er sich schon zum voraus darauf gefasst gemacht, keine Nacht mehr in seinem lieben Mariental verweilen zu können. Seine Dienstboten waren lauter Deutsche, die er teils aus der alten Heimat mitgebracht, teils in Amerika um sich gesammelt hatte. Alle beabsichtigten, ihn nach New Orleans zu begleiten, um dort sein Schicksal zu teilen oder andere Dienste zu suchen. Mit diesen anhänglichen Leuten und seiner Familie machte sich Herr Leonhard jetzt fertig, seine zweite Heimat zu verlassen. Bald hatte er die Seinen in dem ehemaligen Wohnzimmer versammelt, und alles war zur Abreise bereit.

»Wo sind denn Johannes und Christine?« fragte

plötzlich der kleine Heinrich. Auch die anderen hatten sich bereits vergeblich nach den armen Geschwistern umgesehen. Blair, der gerade in das Zimmer trat und die Worte des Kindes hörte und die fragenden Gesichter der übrigen sah, antwortete mit höhnischem Lächeln: »Die sind versorgt und sollen jetzt bei mir besser als bei euch lernen, was es heißt, Neger zu sein.« Bei diesen Worten blickte Herr Leonhard wehmütig auf und sandte ein stilles Gebet für sie zum Herrn. Dann verließ er mit den Seinen das Haus.

Als sie auf dem Vorplatz hinaustraten, sahen sie Johannes und Christine an zwei Bäume gebunden und in ihrer Nähe einige Diener Blairs auf dem Boden kauern, die rohe Scherze mit den beiden trieben. Als die verlassenen Kinder ihren Wohltäter mit seiner Familie reisefertig herauskommen sahen, begannen sie zu weinen. Auch Herrn Leonhard und seiner Frau traten Tränen in die Augen. Seine Kinder wollten zu den Unglücklichen hingehen, um Abschied von ihnen zu nehmen. Doch der Vater verbot es ihnen und sagte: »Helfen können wir ihnen jetzt doch nichts, und wenn wir hingehen, so setzen wir uns nur den Roheiten dieser gottlosen Menschen aus und erschweren den armen Waisen den Abschied.« So winkten sie ihnen aus der Ferne ein herzliches Lebewohl zu, und Herr Leonhard hob, während er sie anblickte, die gefalteten Hände empor, um sie an den Herrn zu verweisen, von dem ihnen allein Hilfe kommen könne.

Johannes und Christine konnten nur mit Kopfnicken und ihren Tränen antworten, da ihnen die Hände auf den Rücken gebunden waren. Die Scheidenden aber ließen noch vom Saum des Waldes her ihre Tücher flattern, um sie damit noch ein letztes Mal zu grüßen.

Nachdem Blair Haus, Gärten und Felder besehen und er und seine Begleiter reichliche Erfrischungen zu sich genommen hatten, ließ er zwei seiner Leute zurück und machte sich mit den übrigen zur Heimreise bereit. Die Sonne neigte sich schon zum Untergang. Die Pferde wurden vorgeführt und die Gesellschaft, die zu viel getrunken hatte, brach sehr lärmend auf. Die unbändigen Hunde jagten einander mit lautem Gebell auf dem freien Platz vor dem Haus.

»James! Francis!«, rief Blair den beiden Knechten zu, von denen ihm beim Aufsitzen der eine den Steigbügel, der andere die Zügel seines schäumenden Rappen hielt, »nehmt das Negervolk hinter euch aufs Pferd!«

Die beiden Geschwister wurden losgebunden; aber da ihre Glieder durch das lange Stehen steif geworden waren, so kamen sie dem ungeduldigen Blair, der schon zu Pferd saß, zu langsam herbei. Er pfiff und hetzte seine Hunde auf sie. »Hussa! Sultan! Dina! Macht dem lahmen Negervolk Füße!«

Die grimmigen Tiere ließen sich das nicht zweimal sagen. Wie ein Schäferhund eine zitternde Herde, so umkreisten sie zuerst in wilden Sätzen die zum Tod erschreckten Kinder. Hierauf fiel der eine die arme Christine an, so dass sie zu Boden stürzte; der andere riss Johannes am Arm ein Stück aus seiner Jacke, und seine scharfen Zähne drangen dabei in das Fleisch, dass der Arm des Jungen bald mit Blut bedeckt war. Blair erhob ein schallendes Gelächter, in das die übrigen einstimmten. Doch rief er die Hunde zurück und nachdem die beiden Knechte Johannes und Christine hinter sich auf ihre Pferde genommen hatten, setzte sich der Zug in Bewegung.

Die Reise ging meistens durch große Wälder, deren Dickicht manchmal durch offene Rasenplätze unterbrochen war. In der Ferne hörte man manchmal das Geheul hungriger Wölfe, und einmal ließ sich in einer Entfernung von nur wenigen Schritten das Brummen eines Bären vernehmen, der in seiner Ruhe gestört war. Endlich – es mochte schon gegen Mitternacht sein – kam man an eine große Lichtung. Der Wald öffnete sich und im Schein des Mondes wurde eine ausgedehnte Pflanzung sichtbar. Rechts auf dem luftigen Hügel erhob sich ein stolzes Herrenhaus, von Orangenbäumen und Palmen umgeben; links am Ende der Besitzung, wo das Tal sich etwas absenkte, breiteten sich, wie ein kleines Dorf, die niedrigen Hütten der Negersklaven aus.

Der Zug hielt einen Augenblick an, Blair rief James an seine Seite und erteilte ihm Befehle, worauf dieser vom Pferd sprang, Johannes und Christine ebenfalls absteigen hieß und, während die übrigen dem Herrenhaus zuritten, mit den beiden

Geschwistern auf die Negerwohnungen zuging. Bald hatte man diese erreicht. Es waren kleine, aus Baumstämmen roh zusammengefügte und mit den breiten Blättern des Zuckerrohrs bedeckte Hütten.

Schon näherten sie sich den letzten Hütten, als James vor einer stehenbleib, die nur angelehnte Tür aufstieß und Johannes und Christine vor sich hinschob. Eine Negerin, durch das Geräusch aufgeweckt, sprang von ihrem Lager auf und trat ihnen erschrocken entgegen.

»Hier, schwarzer Vogel«, lachte der rohe James, »bring' ich dir eine neue Brut. Da sind ja noch gerade die zwei leeren Nester! – Und ihr«, sagte er zu den beiden Kindern, »schlaft schnell, denn Bill Torriswood wird morgen nicht fragen, wann ihr zu Bett gegangen seid!« Damit ging er lachend hinaus und warf die Tür hinter sich zu.

Die Negerin betrachtete einen Augenblick die neuen Ankömmlinge, deutete dann auf zwei Strohlager in den gegenüberliegenden Ecken der Hütte und legte sich schweigend wieder auf ihre Ruhestätte. Die Kinder verstanden den Wink: sie drückten einander die Hand, flüsterten sich gute Nacht zu und streckten sich still auf ihr Lager hin. Christine sank vor Müdigkeit bald in Schlaf, Johannes aber empfand in seinem verwundeten Arm einen empfindlichen Schmerz, der ihn trotz seiner Ermüdung nicht einschlafen ließ. Mit Trauer über sein Los vermischte sich in seiner Seele Unwille gegen seinen grausamen Unterdrücker, und schon begann er Pläne zu machen, wie er sich für das ihm zugefügte Unrecht rächen wolle. Da fielen ihm plötzlich die Worte Jesu ein, die Herr Leonhard ihm heute noch besonders eingeschärft hatte: »Liebet eure Feinde, segnet, die euch fluchen! Betet für die, die euch beleidigen und verfolgen!« Als er darüber nachdachte, wie er dieses Gebot seines Herrn und Heilands und die Ermahnung seines großmütigen irdischen Wohltäters so bald vergessen hatte, wurde er so beschämt, dass er laut schluchzte. Inbrünstig bat er Gott um Vergebung seiner Sünde, betete auch für Blair und seine rohen Diener und bat den Herrn um Kraft, jenes hohe Gebot, so schwer es ihm auch fallen würde, in Zukunft besser zu erfüllen.

Endlich sank auch er in tiefen Schlaf.

Das Leben der Negersklaven

Die ersten Strahlen der Morgensonne fielen in die dunkle Hütte, als Johannes an einem heftigen Schmerz erwachte. Als er die Augen aufschlug, sah er die Negerin vor sich stehen, die ihn an seinem verwundeten Arm schüttelte und mit bitterem Lachen rief: »Auf! auf! Schmutzige Negerbrut darf nicht so lange schlafen!« Zuckend vor Schmerz sprang er auf und auch seine Schwester war indessen wach geworden und erhob sich schnell von ihrem Lager.

Schon wollte die Frau, unbekümmert um ihre jungen Gäste, die Hütte verlassen, als ihr Blick auf den blutigen Arm des Knaben fiel, der gerade in den helleren Teil des Raumes vorgetreten war. Da schien plötzlich ihr ganzes Wesen sich zu verändern.

Ihre starren, teilnahmslosen Züge nahmen den weichen Ausdruck des Mitleids an, ihre Augen füllten sich mit Tränen, und kaum konnte sie vor Bewegung die Worte hervorbringen: »Armes Kind, wer hat dir das getan?« Ohne eine Antwort abzuwarten, eilte sie mit einem irdenen Topf hinaus und kehrte nach wenigen Augenblicken mit Wasser und einigen frischen Kohlblättern zurück. Sie half Johannes die Jacke ausziehen, wusch die Wunde aus, legte ein kühlendes Blatt darauf und verband sie sorgfältig.

»Die Jacke«, sagte sie, während sie diese von den Blutspuren reinigte, »wird deine letzte sein, da die Sklaven bei uns, wie du bald sehen wirst, nichts als eine Hose aus Leinwand tragen.«

Kaum hatte er die Jacke wieder angezogen, als seine neue Wohltäterin auf einen Sklavenaufseher deutete, der mit einer aus Kuhhaut gedrehten Geißel in der Hand raschen Schrittes auf die Hütte zukam. Zugleich lief sie eilig in der entgegengesetzten Richtung davon, um ohne Peitschenhiebe ihren Arbeitsort zu erreichen.

Der Sklavenaufseher Bill war auf einer Reispflanzung in Karolina aufgewachsen. Als kleiner Junge fing er damit an, Mücken, Käfer, Vögel in seine Gewalt zu bringen und zu quälen; als er stärker wurde, machte er sich an größere Tiere heran, und als er erwachsen war, wurde Misshandlung der armen, hilflosen Neger seine größte Freude. Die schwarzen, struppigen Haare seines Bartes und Scheitels begannen bereits zu ergrauen; aber sein

Herz war durch das zunehmende Alter nicht milder geworden. Seine riesenhafte Gestalt, stets mit der furchtbaren Geißel bewaffnet, war ein Gegenstand des Schreckens nicht bloß für die 80 Schwarzen, die unter seiner besonderen Aufsicht standen, sondern für alle 700 der ausgedehnten Plantage. Er war der Liebling seines Herrn, und wohin er kam, erlaubte er sich alles, stets gewiss, dass dieser ihm seinen Beifall dazu geben werde.

Was Johannes und Christine empfanden, als dieser grausame Mensch zu ihnen in die Hütte trat, lässt sich nicht beschreiben. Wie ein Schlächter zwei geängstigte Lämmer, so trieb er sie mit Stößen und rohen Worten vor sich her zur Hütte hinaus und die Pflanzung entlang. Die armen Kinder waren so bis in ihre innerste Seele erschrocken und betrübt, dass sie nicht sahen, wohin sie gingen, bis das Herrenhaus, von der Morgensonne hell beleuchtet, vor ihnen stand. Blair saß schon auf dem Balkon und schmauchte behaglich seine Zigarre zum Kaffee, den ihm ein Negermädchen in demütiger Haltung reichte. Zwischen den Orangenbäumen, die auf den breiten Treppenstufen aufgestellt waren, tummelte ein wilder Junge von ungefähr zehn Jahren, der Sohn, das Ebenbild Blairs, mit ein paar Hunden herum.

Bill wollte eben mit den beiden jungen Sklaven vorübergehen, als Blair ihm zurief: »He, Bill, hast sie schon unter der Kur, die zwei Marzipankinder? Ich denke, sie wird bei ihnen bald anschlagen. Aber bring sie einmal herauf, meine Frau will sie sehen!«

Diese trat gerade in ihrem farbigen Morgenanzug mit einem kleinen Mädchen an der Hand auf den Balkon heraus. Bill ließ die Negerkinder hinaufgehen und folgte ihnen langsam. Oben angekommen, blieben jene eine Weile unbeachtet stehen, bis Frau Blair ihren Kaffee geschlürft hatte. Dann wandte sie sich an Christine und fragte sie, durch ihr reinliches, liebliches Aussehen überrascht, ziemlich freundlich nach ihrem Namen. Die beiden Geschwister verstanden noch etwas Englisch, weil sie früher einem Engländer angehört hatten, und das Mädchen antwortete sogleich in dieser Sprache: »Ich heiße Christine, Missis!«

»Christine!«, rief die Dame, bleich vor Zorn, »du schwarze Haut willst Christine heißen?«

»Ich will«, befahl Blair dem Sklavenaufseher, »dass Ihr ihnen die Namen der beiden gebt, an deren Stelle sie getreten sind; sie könnten sich sonst gar für Christenmenschen halten.«

»Aber wir sind doch Christen«, sagte Johannes schüchtern.

»Hat euch das der kopfhängerische Deutsche weisgemacht?«, rief Blair, indem er wütend aufsprang und mit seiner breiten Hand dem Jungen einen Schlag ins Gesicht versetzte. »Was, ein Neger - ein Christ? Ich erwarte, dass ihr den Unsinn vergesst, so schnell wie man eine Hand umdreht, wenn ihr nicht Bekanntschaft mit der Kuhhaut machen wollt!«

Der misshandelte Junge schwieg; aber in seinem Innern hieß es: »Man muss Gott mehr gehorchen als den Menschen.«

Unterdessen hatte sich der wilde Tom – so hieß Blairs Sohn – mit einem Strick, an dem er vorhin einen Hund umhergezerrt hatte, hinter Johannes geschlichen und diesen unbemerkt an dessen Jacke festgebunden; und während nun der zitternde Junge vor Schrecken und Traurigkeit sich kaum auf den Füßen halten konnte, zog Tom plötzlich mit solcher Gewalt an dem Strick, dass Johannes rücklings zu Boden stürzte und, da er hart an der Treppe stand, diese hinabrollte. Ein allgemeines Beifallsgelächter belohnte diesen köstlichen Spaß, wie man es nannte. Nur Christine weinte und schluchzte zum Erbarmen.

»Fort auch mit dieser!«, rief die Frau des Plantagenbesitzers und deutete zornig auf das Mädchen. »Ich will sie nicht in meinem Haus haben!« Vor einigen Tagen nämlich war eine ihrer Haussklavinnen gestorben. Da nun Blair ihr gesagt hatte, dass die neue Sklavin von Mariental schon ziemlich herangewachsen und von anmutiger Gestalt sei, so hatte sie im Sinn gehabt, durch sie die Stelle der Verstorbenen zu ersetzen; aber außerdem, dass es einem Neger für ein Verbrechen angerechnet wurde, an dem christlichen Glauben teilhaben zu wollen, war der hochfahrenden Frau das Mädchen noch besonders dadurch zuwider geworden, dass sie sich Christine nannte, da sie selbst diesen Namen trug.

So trieb denn Bill die armen Kinder an dem

Haus vorbei in einen nahen Garten, wo sie zum Jäten des Unkrauts und ähnlicher Arbeiten angewiesen wurden. Einige alte Neger, die bereits zu schwach zu anstrengenden Verrichtungen waren, sahen sie in einiger Entfernung ebenfalls damit beschäftigt. Ihre schönen christlichen Namen hatte ihnen Bill nun genommen und dafür heidnische gegeben. Johannes hieß jetzt Mobu und seine Schwester wurde Dido genannt. Aber *wir* wollen gerechter gegen unsere zwei jungen Freunde sein und sie weiter mit ihren rechten Namen nennen.

Von dem hochgelegenen Garten aus, in dem jetzt die beiden Geschwister arbeiteten, bot sich ein einzigartiges Schauspiel dar. Man hatte eine weite Aussicht fast über die ganze Pflanzung, die größtenteils aus Zuckerrohr bestand. Die langen, durch viele Ringe abgeteilten Rohre waren schon gelb und man hielt gerade Ernte. Alles wimmelte von Negern, deren dunkle Gestalten sich malerisch zwischen den breiten, grünen Blättern ausnahmen. Einige brachen die Spitzen des Rohres ab, die ein nahrhaftes Futter für das Vieh abgeben, und schnitten dann die Pflanze unten am Fuß durch. Andere streiften von den abgeschnittenen Rohren die Blätter ab und banden sie in große Bündel zusammen. Noch andere führten diese auf Karren und Pferden und Ochsen in die Zuckermühle, wo die Rohre unter die Presse gebracht, der köstliche Saft herausgepresst und durch eine Rinne in einen großen Kessel geleitet wurde.

Links von der Zuckerrohrpflanzung breitete sich der majestätische Wald aus, durch den gestern Johannes und Christine gekommen waren, und hier war eine andere Anzahl Schwarzer damit beschäftigt, Holz zu hauen und die Lichtung zu erweitern. Alles war voll Leben und Tätigkeit, und auf den ersten Blick konnte man es ein schönes Schauspiel nennen; aber jeder Menschenfreund, der es genauer betrachtete, hätte sich bald mit Abscheu davon abwenden müssen. Ach, wie undankbar war der, dem Gott einen so reichen Ernteertrag geschenkt hatte! Wie unbarmherzig gegen seine Mitmenschen, obwohl Gott so barmherzig gegen ihn war! Auf der ganzen Plantage sah man Sklavenaufseher mit ihren Geißeln. Tat ein Neger mit seinem Messer einen falschen Schnitt oder stellte er sich beim Aufladen nicht geschickt genug an, so wurde er unter entsetzlichen Flüchen gepeitscht oder zu Boden geschlagen.

Johannes und Christine waren ohnehin zu tief betrübt, als dass sie sich viel nach dem hätten umsehen wollen, was hinter ihrem Rücken sich wie ein reiches, aber dunkles Gemälde darstellte. Während sie sich zur Erde bückten und ihre Hände den Boden reinigten, erhoben sich ihre Seelen zum Himmel und redeten mit dem Herrn, der in einer solchen Lage allein Trost gewähren kann. Und wenn der Aufseher auf einige Zeit den Garten verließ, so sprachen sie gegenseitig ihre Gefühle aus und suchten sich mit kräftigen Bibelworten und Liederversen zu trösten. Johannes sagte: »Was betrübst du dich,

meine Seele, und bist so unruhig in mir? Harre auf Gott!, denn ich werde Ihm noch danken, dass Er meines Angesichts Hilfe und mein Gott ist!«

Christine flüsterte:

»Was mein Vater will und tut,
es ist alles weis' und gut,
es sei Freude oder Not,
es sei Leben oder Tod!«

Durch solche Reden suchten die Geschwister einander Mut zuzusprechen. Aber es wollte ihnen nicht gelingen, den Kummer, der wie ein Zentnerstein auf ihrem Herzen lag, von sich abzuwälzen, und wenn sie manchmal einen ihrer Landsleute in der Pflanzung misshandeln sahen oder gar das jammervolle Geschrei eines Unglücklichen zu ihnen heraufdrang, so ging es ihnen jedesmal wie ein Dolchstoß durch die Brust. So hell die Sonne schien, so blau der Himmel lachte, von so schönen Bäumen und Blumen der Garten prangte, so war es ihnen doch, als ob sie aus einem glückseligen Land hilflos in eine düstere Wildnis hinausgestoßen und jeden Augenblick in Gefahr wären, von grimmigen Ungeheuern bedroht zu werden.

Endlich, nach einem langen, mühseligen Tagwerk brach die Dämmerung herein und die Glocke am Herrenhaus gab den müden Negern die Erlaubnis, in ihre Hütten zu gehen. Als Johannes und Christine ihre jetzige Wohnstätte betraten, wollte ihnen von neuem fast das Herz vor Jammer brechen. Sie dachten an die schönen Tage in Marienthal. Und doch wünschten sie sich nicht mehr dorthin zurück, da ja ihr väterlicher

Freund samt seiner Familie daraus vertrieben war. Wie mochte es ihnen wohl ergehen? In ihrer hilflosen Lage warfen sich die beiden Kinder, da die Negerfrau noch nicht erschienen war, auf die Knie nieder und schütteten ihre Herzen vor dem Herrn aus; sie flehten um Kraft, das ihnen auferlegte Joch ohne Murren zu tragen. Sie beteten für ihren bisherigen Beschützer, für ihre arme Mutter, wie auch für ihre Feinde und Peiniger.

Auch die Negerfrau, die sich heute früh so mitleidig gegen Johannes gezeigt hatte, vergaßen sie nicht in ihrer Fürbitte zu Gott. Und wie sie so aus voller Seele beteten, da wurde ihnen allmählich so leicht und wohl ums Herz, dass sie freudig aufstanden, denn es war ihnen, als ob die heilige Nähe Gottes sie wie mit schützenden Armen umfange, und die kleine Hütte wurde ihnen zum Tempel.

Die Lebensgeschichte der Negerin

Clio, die Negerin, mit der die beiden Geschwister zusammen wohnten, benahm sich meistens recht freundlich gegen sie. Besondere Sorgfalt widmete sie der Wunde von Johannes, die unter ihrer mütterlichen Pflege in wenigen Tagen zuheilte. Christine nahm sie oft in ihre Arme und bedeckte ihr Gesicht mit Küssen und Tränen. Doch sprach sie nur sehr wenig. Manchmal konnte sie sogar lange ganz teilnahmslos dasitzen, die Augen starr auf den Boden geheftet, und wenn sie dann aufstand, spielte gewöhnlich jenes bittere Lächeln der Verzweiflung um ihre Lippen, von dem Johannes, als sie ihn am ersten Morgen weckte, ihre Züge entstellt gesehen hatte. Auch wälzte sie sich halbe Nächte ruhelos auf ihrem Lager umher, wobei tiefe Seufzer ihrer Brust entstiegen und im Schlaf herzzerreißende, aber meist unverständliche Klagen aus ihrem Mund kamen. Gern hätten Johannes und Christine wissen mögen, was für einen schweren Kummer an ihrem Herzen nagte; aber sie wagten nicht, sie darum zu fragen. Endlich kam sie selbst dem Wunsch der Kinder entgegen.

Es war am Abend des dritten Sonntags, den Johannes und Christine auf der Pflanzung Blairs zugebracht hatten, als sie mit Clio traulich in ihrer Hütte beisammensaßen. Der Himmel hatte sich nach einem drückend heißen Tag mit Wolken überzogen und seit einer Viertelstunde fiel nun der Regen in dichten Strömen herab. Einzelne heftige Windstöße rauschten durch den nahen Wald und beugten die Wipfel der Bäume nieder. Den dreien war es ganz heimelig zumute in ihrer sicheren Hütte. Auf allerlei Gespräche, die sie geführt hatten, war gerade eine Pause eingetreten. Da sagte Clio: »Ihr habt mir die Geschichte eures kurzen Lebens erzählt, liebe Kinder; ich bin es euch daher schuldig, dass ich euch auch meine Geschichte mitteile. Wollt ihr sie hören?«

Als die beiden Kinder ihre Freude über die Absicht ihrer mütterlichen Freundin ausdrückten, begann diese zu erzählen:

»Ich bin an der Goldküste geboren. Meine Eltern starben, als ich noch ein kleines Mädchen war. Von da an wohnte ich bei einem Verwandten in einer Fischerhütte am Meer. Einst in einer Herbstnacht hatte die See fürchterlich gestürmt. Als es Morgen war und die Sonne hinter dem Meer aufstieg, lief ich an die Küste. Da lag alles, wie gewöhnlich nach einem Sturm, voll von glänzenden Muscheln und Austernschalen. Emsig las ich besonders von den letzteren auf und hatte beinahe mein Körbchen gefüllt, als nur ein paar Schritte von mir plötzlich zwei weiße Männer hinter einem Felsen hervorkamen und auf mich zugingen. Ich erschrak heftig, ließ mein Körbchen fallen und wollte davonlaufen; aber bald hatten sie mich eingeholt und schleppten mich, so laut ich auch schreien mochte, hinab ans Meer. Hier wartete ein kleines Boot auf sie. Kaum waren wir auf diesem um eine Felsenecke gerudert, da sah ich in einiger Entfernung ein großes europäisches Schiff mit flatternden Wimpeln in einer Bucht liegen. Als wir bei diesem ankamen, wurde ich in den unteren Schiffsraum gebracht, wo noch viele Landsleute von uns saßen und umherlagen. Alle waren tief betrübt und weinten und klagten. Neben mir saß ein Mädchen, das noch viel kleiner war als ich und immer nach seiner Mutter schrie; nicht weit von uns war eine Frau, die raufte sich in den Haaren und rief nach ihren Kindern. So war alles voll

Jammer und Traurigkeit. Und immer wurden neue Sklaven herbeigebracht, bis nach ein paar Tagen das Schiff zum Erdrücken voll war. Nun lichtete es die Anker und segelte davon.

Aber jetzt fing das Elend erst recht an. Die meisten von uns bekamen in dem schwankenden Schiff die Seekrankheit. Dabei lagen und saßen wir so eng beieinander, und die Luft war so schwül, dass wir uns kaum rühren konnten und uns fast der Atem ausging. Stehen konnten wir nicht; dazu war die Decke zu niedrig, und zum Gehen hätten wir ohnehin keinen Raum gehabt. Zum Essen gab man uns faule Fische und andere verdorbene Speisen. Bald starben einige, und die Lebenden konnten sich nicht einmal von der Seite ihrer toten Nachbarn wegbewegen.

In kurzer Zeit brach eine furchtbare Seuche unter uns aus. Jeden Morgen wurde nun der Schiffsraum durchsucht und alle, die in der Nacht gestorben waren, oft 15–20 an der Zahl, ins Meer geworfen. Als ich eines Morgens erwachte, lag auch das kleine Mädchen tot neben mir. Sie hatte ihr Ärmchen um meinen Nacken geschlungen und ihre kalte Wange an die meine gedrückt. Ich mußte sehr weinen, als man sie mit den anderen fortnahm, um sie in die See zu versenken.

So ging es fort, bis wir endlich in Amerika ankamen. Von 700 Schwarzen waren nur noch 300 am Leben. Als ich ans Land gebracht und auf die Füße gestellt wurde, fiel ich zu Boden und brauchte geraume Zeit, bis ich nur wieder stehen und langsam gehen konnte.

Nach einigen Tagen kaufte mich ein englischer Kaufmann in New Orleans. Seine Frau war sanft und mochte mich gut leiden; auch ihre Kinder, die ich zu hüten hatte, liebten mich sehr. Aber nachdem ich acht Jahre in diesem Haus gewesen war, kehrte mein Herr mit seiner Familie in die Alte Welt zurück und ich wurde an einen Pflanzer bei Natchez verkauft. Hier hatte ich viel zu dulden. Ich war an die schwere Hantierung nicht gewöhnt und musste jetzt doch vom Morgen bis in die Nacht auf einer Baumwollpflanzung arbeiten. Auf meinem Rücken und hier an meinem Arm seht ihr noch die Striemen von den Peitschenhieben, die mir der grausame Weiße geben ließ, als ich einst spätabends vor Müdigkeit die Hacke aus der Hand sinken ließ und einige Augenblicke auf dem Boden ausruhen wollte. Aber ich lernte dort meinen Mann kennen, und indem wir unser Unglück gemeinsam trugen, wurde es uns leichter.

Bald nachdem wir geheiratet hatten, starb unser Herr, und Blair kaufte uns beide. Fünfzehn Jahre schon hatten wir diesem treu gedient, und so hart er auch gegen andere war, so hatte doch uns noch kein Peitschenhieb getroffen. Während mein Mann auf den Zuckerrohrplantagen oder im Wald arbeitete, war ich meistens im Herrenhaus beschäftigt, wo mich die verstorbene Gemahlin Blairs – die jetzige ist seine zweite Frau – sehr gütig behandelte.

Da ereignete sich ein schreckliches Unglück. Mein Mann war im Wald, um Holz zu hauen, und hatte unser jüngstes Söhnchen bei sich. Es trippelte um ihn her und las mit seinen kleinen Händchen die dürren Reiser zusammen, die auf dem Boden umherlagen. Plötzlich fing er an, laut zu schreien, weil ihm ein Splitter in die Hand gedrungen war. Der Sklavenaufseher, der einige Schritte davon an einem Baum lehnte, befahl ihm mit rauher Stimme zu schweigen, und als das Kind ihm nicht gleich gehorchte, gab er ihm zornig mit der Peitsche einen Schlag über den Kopf. Der Kleine gab einen schwachen Schrei von sich und taumelte zu Boden. Erschrocken sprang mein Mann herbei und wollte ihn aufheben; aber er gab kein Lebenszeichen mehr von sich, er war tot. Da brüllte mein Mann laut auf vor Zorn und Schmerz, wie ein Löwe des Waldes, dem man sein Junges geraubt hat; ohne sich zu besinnen, griff er nach der blanken Axt, die neben ihm lag, schwang sie hoch in die Luft und ließ sie auf den Schädel des Mörders seines Kindes niederfallen.

Man hatte die Tat gesehen. Alles lief zusammen, Blair wurde herbeigeholt und mein Mann so lange durchgepeitscht, bis er bewusstlos dalag. Nach einigen Tagen sollte er am Galgen sterben. Aber er verschied schon in der nächsten Nacht.

Zwei Kinder waren mir übriggeblieben, Mobu und Dido. Sie wohnten bei mir in dieser Hütte, sie schliefen auf diesem Lager; den Stuhl, auf dem ich sitze, schnitzte mir Mobu. Und wie oft hat Christine mich schon an das liebe Gesicht meiner Dido erinnert! Aber vor einem Monat kam ein Georgier auf diese Pflanzung; er sah meine Kinder, und sie gefielen ihm sehr. Wem hätten sie nicht gefallen sollen? Er bot Blair einen hohen Preis, und da dieser sie ihm nicht überlassen wollte, einen noch höheren, bis er sie endlich erhielt. Auf den Knien bat ich ihn, auch mich zu kaufen und mit sich zu nehmen; aber er wandte mir hohnlachend den Rücken zu und reiste mit meinen Kindern fort. Ach, dort auf den schrecklichen Reispflanzungen müssen sie ja bald ums Leben kommen!«

Die Tränen, die die arme Clio schon lange zurückgehalten hatte, brachen nun mit Gewalt hervor. Sie bedeckte das Gesicht mit den Händen und schluchzte laut. Auch Johannes und Christine rollten große Tränen über die Wangen herab. Eine bange Stille trat ein, die nur durch das Schluchzen Clios unterbrochen wurde.

Da erhob sich die Negerin plötzlich. Sie ballte ihre von Arbeit rau gewordenen Hände, sie knirschte mit den Zähnen, und ihre Augen blitzten wild, während sie rief: »Bei dem Grab meines Vaters, ich will euch rächen, Kinder! Ich will dich rächen, Mann! Furchtbare Rache will ich nehmen an diesen weißen Teufeln!«

Sie war fürchterlich anzuschauen, als sie so sprach. Ihre Züge waren gräulich verzerrt und es kam Johannes und Christine fast vor, als ob nicht mehr die sanfte Clio vor ihnen stände, sondern dass plötzlich ein anderes unheimliches Wesen zu ihnen in die Hütte hereingekommen wäre. Sie wagten nicht, sich ihr zu nähern oder einen Versuch zu ihrer Beruhigung zu machen; erst als die Unglückliche, erschöpft von solcher Anstrengung, sich wieder niedergesetzt hatte und von neuem in Tränen ausbrach, traten sie zu ihr. Die Kinder ergriffen ihre Hand und suchten so die Arme von ihren rachsüchtigen Gedanken abzubringen. Aber ach, kein Trost aus Gottes Wort wollte bei ihr haften; denn sie befand sich in kläglicher Unwissenheit über göttliche Dinge.

Von nun an gelobten sich die Geschwister, ihre mütterliche Freundin mit allem Fleiß mit Gottes Wort bekannt zu machen, damit dieses ein lindernder Balsam für die Wunden ihres Herzens werde, und sie waren sehr begierig, welchen Eindruck die heilige Geschichte des Erlösers auf sie machen würde. Wie tief jedoch heidnischer Aberglaube noch in Clios Herzen wurzelte, erfuhren sie erst am folgenden Abend, als sie wieder alle drei in der Hütte beisammensaßen und die beiden jungen Christen das Gespräch absichtlich auf Fragen des Glaubens lenkten.

»Beten denn die Leute auch in unserem Vaterland?«, fragte Christine.

»Freilich, sie beten zum großen Geist. Meine Mutter lehrte mich alle Morgen mein Gesicht gegen die Sonne zu kehren und zu sprechen: O Gott, gib mir heute Reis und Brotwurzel, gib mir Gold und Aigris (Edelgestein), gib mir Sklaven und Reichtümer, gib mir Gesundheit und lass mich heute recht tätig und schnell sein!«

»Betest du noch immer so, gute Mutter?«, fragte Johannes. »Wozu sollte ich, seit ich Sklavin bin? Der große Geist hat mich nicht erhört. Er ist zornig über die armen Schwarzen und liebt nur die Weißen.«

»Aber warum sollte Er über uns zornig sein?«, fragte Johannes weiter.

»Als Gott die Schwarzen schuf, gab Er ihnen die Erlaubnis, zwischen zwei Dingen zu wählen, nämlich zwischen Gold und Weisheit. Da sie nun das Gold wählten, so ist Er über ihren Geiz sehr böse geworden und hat sie zu Sklaven der Weißen verdammt.« »Du betest also schon lange nicht mehr?«, sagte Christine leise und schüchtern.

»Als ich von den Weißen geraubt wurde, hatte ich einen Fetisch bei mir, den meine Mutter mir von einem Zauberpriester verschafft hatte. Es war der Zahn einer Zibetkatze, der auf meiner Brust hing. Ich flehte diesen Fetisch an, mich aus der Gewalt der weißen Männer zu befreien; aber er tat es nicht. Er gab mir eine gute Herrschaft in New Orleans, einen guten Mann und gute Kinder; aber er konnte nicht verhindern, dass mir mein Mann und mein Bübchen getötet und meine anderen Kinder genommen wurden. Er war ein schwacher Fetisch. Deswegen habe ich ihn von mir weggetan und im Wald verscharrt.«

»Gibt es denn auch mächtigere?«, fragte Johannes.

»Freilich! Der Vater meiner Großmutter hatte einen – es war der Knochen eines Vogels –, der ihm überall Glück brachte. Er rettete ihn im Krieg und bewahrte ihm auch auf dem Meer das Leben; er verschaffte ihm Gold, Aigris und viele Sklaven.«

»Und hast du keine Hoffnung«, fuhr Johannes nach einer Pause fort, »dass dein Mann und dein verstorbenes Kind noch in einer anderen Welt fortleben?«

»Warum sollte ich nicht? Mein Mann und mein Kind waren gut, und der gute Mensch wird nach dem Tod über den Fluss Bosmanque zu Gott gebracht, lebt da wohl und hat ein gutes Weib und gute Lebensmittel.«

So stand es mit den Begriffen der armen Clio. Die Geschwister konnten es kaum erwarten, ihr die frohe Botschaft von der Sünderliebe Jesu zu sagen und sie von ihren Irrtümern zu überzeugen. Zuerst suchten sie, ihr richtige Begriffe von Gott und dem natürlichen Zustand des Menschen beizubringen; dann erzählten sie ihr die Geschichte des Heilands.

Anfangs wollte Clio zwar nicht glauben. Als sie ihr aber sagten, dass dies der Glaube der mächtigen Weißen sei und dass ein sehr guter und verständiger weißer Mann, der von der Alten Welt herübergekommen war, sie darin unterrichtet habe, da wurde sie sehr aufmerksam und hörte ihnen mit großer Verwunderung zu. Je mehr sie von dem Evangelium vernahm, desto größer wurde ihr Verlangen nach weiterem Unterricht, und den ganzen Tag über freute sie sich auf den Abend, den sie und ihre beiden jungen Hausgenossen jetzt regelmäßig mit Gesprächen über göttliche Dinge zubrachten. Dabei benahmen sich die Kinder aber sehr bescheiden und ehrten die Negerfrau wie eine Mutter, obwohl sie sie durch die Gnade Gottes belehren durften.

Am Springbrunnen

Johannes hatte in Mariental viel Geschick für Gartenarbeiten an den Tag gelegt und Herr Leonhard hoffte, in ihm einst einen tüchtigen Gärtner zu bekommen. Als Bill diese Eigenschaft an ihm bemerkte, gesellte er ihn häufig einem alten Neger mit weißem Haar zu, der auf der Pflanzung die Stelle eines Gärtners versah. Diese Arbeit war Johannes sehr angenehm; nur tat es ihm weh, dass er dadurch oft ganze Tage lang von seiner Schwester getrennt wurde.

An einem heiteren Herbstabend war er auch wieder einmal mit dem greisen Hektor – so hieß der alte Neger – in dem großen Garten am Herrenhaus beschäftigt. In der Mitte des Gartens befand sich ein Springbrunnen, umgeben von einem weiten marmornen Becken, in das er seine Wasserstrahlen plätschernd ergoss. Ringsum blühten schöne Blumen. Nicht weit von diesem Ort arbeiteten Hektor und Johannes. Hektor hatte ein Gartenmesser in der Hand, womit er eine üppig wuchernde Hecke beschnitt; Johannes stand, kaum einige Schritte von ihm entfernt, in einem Blumenbeet und hatte einen Haufen neuer, von ihm selbst geschnittener Stäbe neben sich liegen, an denen er die Blumen aufrankte.

Während die beiden Neger mit diesen Arbeiten beschäftigt waren und dabei, sooft sie sich nahe genug kamen, vertraulich miteinander plauderten, riss der wilde Tom die Gartentür auf und sprang herein. Einige Schritte hinter ihm kam sein kleines Schwesterchen. Er verfolgte einen großen, prächtigen Schmetterling, und um ihn zu erhaschen, lief er mitten durch die sorgsam angelegten Blumenbeete hindurch und zertrat viele Pflanzen. Endlich hob sich der Schmetterling in die Luft und setzte sich jenseits des Gartens auf einen Melonenbaum. Tom warf ihm ärgerlich noch eine Erdscholle nach, die ihn aber nicht erreichte.

Der missmutige Junge gab nun seine vergebliche Jagd auf und suchte seinen Mutwillen an den beiden Negern auszulassen, die er im Garten arbeiten sah. Er warf zuerst mit kleinen, dann immer größeren Erdschollen nach ihnen. Da traf Johannes ein großer Klumpen so heftig auf die Hand, dass ihm der Stab entfiel, den er gerade vom Boden aufgehoben hatte. Ein anderer Klumpen flog dem alten Hektor an den Kopf. Sooft Tom ein solcher Wurf gelang, klatschte sein Schwesterchen in die Hände und lachte laut. Es nahm auch große Erdschollen auf und wollte sie nach den Schwarzen schleudern; sie fielen aber immer zu Boden, bevor sie ihr Ziel erreichten.

Die beiden Neger schwiegen und arbeiteten weiter, als wenn nichts geschähe. Sie wussten wohl, dass ein Wort der Bitte oder Klage ihnen nur noch derbere Misshandlungen, eine einzige Äußerung des Unwillens aber die Peitsche zuziehen würde. Hektor biss dabei zornig die Zähne zusammen; Johannes dagegen gab sich alle Mühe, keinen Hass in seinem Herzen aufkommen zu lassen. Er wiederholte immer wieder in seinem Innern die Worte Jesu, die ihm Herr Leonhard beim Abschied noch so nachdrücklich auf die Seele gelegt hatte: »Liebet eure Feinde! Segnet, die euch fluchen! Tut wohl denen, die euch hassen! Bittet für die, die euch beleidigen und verfolgen!«

Endlich war dem bösen Jungen sein Spiel verleidet und er begann ein neues. Er trat an das Wasserbecken und spritzte mit der Hand Wasser auf die Sklaven. Laut lachte er auf, als eine volle Lage Hektor, der dem Springbrunnen am nächsten stand, ins Gesicht traf. Der alte Mann wagte kaum einige Schritte zurückzutreten, da er die lügenhafte, verleumderische Zunge des Buben kannte. Als Tom dieses neue Spiel seines Mutwillens eine Weile getrieben hatte, war ihm das Wasser, das er mit einer Hand schöpfen konnte, zu wenig. Er beugte sich deshalb mit beiden Händen hinab, um eine tüchtige Ladung heraufzubringen; aber er nahm sich dabei zu wenig in Acht, verlor das Gleichgewicht und stürzte kopfüber in den tiefen Brunnen.

Das kleine Mädchen schrie lauf auf. Hektor sah, als er den Fall hörte, in die Höhe, und als er die Ursache wahrnahm, malte sich auf seinem Gesicht eine höhnische Freude. Das Unglück sehen, aufspringen und dem Wasserbecken zulaufen, war bei Johannes das Werk eines Augenblicks. Als er an Hektor vorbeikam, wollte ihn dieser mit einem Blick des Unwillens am Arm aufhalten, aber Johannes machte sich schnell von ihm los und stürzte sich in das Wasser.

Tom war schon untergesunken; nur noch ein Stück seiner Jacke konnte man unter dem Wasser erkennen. An dieser packte ihn Johannes, zog ihn kräftig in die Höhe, fasste ihn um den Leib und brachte ihn dann glücklich aufs Trockene.

Der Schrecken und die plötzliche Abkühlung hatten dem Verunglückten schnell Atem und Besinnung geraubt. Er rührte sich nicht, seine Augen waren geschlossen und sein Gesicht und seine Hände so bleich wie die einer Leiche. Johannes brauchte selbst einige Augenblicke, um sich zu erholen; denn beinahe hätte ihn das schwere Gewicht des ohnmächtigen Jungen in die Tiefe hinabgezogen. Er stand neben dem Geretteten und atmete tief auf.

Jetzt kamen auf das klägliche Geschrei des Mädchens Leute vom Herrenhaus herbeigeeilt. Sie nahmen Tom und trugen ihn hinauf in das Haus, wo er sich in der Bettwärme bald wieder erholte. Der Retter erhielt die Erlaubnis, in seine Hütte zu gehen, um die nassen Kleider auszuziehen.

Die Gemütsbewegung, in der sich Johannes an diesem Abend befand, lässt sich kaum beschreiben. Er kam sich so reich und glücklich vor, dass er mit keinem König hätte tauschen mögen. Er sank auf seine Knie und dankte Gott mit überströmendem Herzen für die ihm geschenkte Gelegenheit, nach dem Vorbild seines Heilands Feindesliebe zu üben und durch eine besondere Tat seinen Christenglauben zu bekennen, um auch hierin seinem Herrn und Heiland ähnlicher zu werden.

Nicht lange, nachdem Johannes vom Gebet aufgestanden war, kamen Clio und Christine in die Hütte herein. Sie wussten schon, was vorgefallen war, und freuten sich über seine edle Tat.

Der Überfall

Clio machte schnelle Fortschritte in der christlichen Erkenntnis. Wie ein dürstender Wanderer einen Trunk frischen Wassers, mit derselben Begierde verschlang ihre lechzende Seele die tröstlichen Lehren des Evangeliums. Wie freute sie sich, als sie Gott, den Vater, kennenlernte, als sie vernahm, dass Er der Schöpfer Himmels und der Erde sei, der alle Menschen, die Schwarzen und die Weißen, mit gleicher Liebe umfasse; der, obwohl unsichtbar, doch immer um sie sei und alles sehe, was sie tun und leiden, der alle ihre Schicksale mit Weisheit und Barmherzigkeit lenke, ja ohne dessen Zulassung nicht einmal ein Sperling auf die Erde fallen könne. Sie konnte es kaum fassen, als sie hörte, dass dieser gütige Gott die Menschen so liebe, dass Er Seinen eingeborenen Sohn vom Himmel auf die Erde gesandt habe, um sie, die doch so ungehorsam und undankbar gewesen waren, auf ewig selig zu machen. Von Jesus Christus, dem Freund der Sünder und dem guten Hirten, konnten ihr die Geschwister nicht genug erzählen, wie Er auf der Erde gewandelt habe voll Gnade und Wahrheit, aber auch wie Er von den Menschen verfolgt und misshandelt und endlich wie ein Missetäter gekreuzigt worden sei; wie Er alles dies habe so geduldig über sich ergehen lassen wie ein Lamm, das zur Schlachtbank geführt wird.

Clio war oft tief ergriffen von der Liebe des Heilands und sie fing an, Ihn wiederzulieben. Aller Hass und alle Bitterkeit gegen ihre Unterdrücker verschwanden allmählich aus ihrem Herzen. Ruhe und Friede zogen in ihre Seele ein, als sie Ihm ihre Sünden gebracht hatte. Ihr Blick richtete sich nun mit Zuversicht und Freude auf die Ewigkeit. Nur eines bekümmerte sie oft noch tief – der Zustand der Unwissenheit, in dem sich ihre armen Kinder befanden. Doch stellte sie auch ihr Los im Glauben der Weisheit Gottes anheim.

Johannes und Christine beteten nun morgens

und abends nicht mehr allein, sondern gemeinschaftlich mit ihrer Pflegemutter, die ihnen von Tag zu Tag lieber wurde. Auch hatte Johannes, bevor er Mariental verließ, ein kleines Neues Testament zu sich gesteckt, das ihm Herr Leonhard geschenkt hatte. Aus diesem las er abends vor dem Schlafengehen seiner Schwester und Clio nun regelmäßig vor. Allerdings durfte dies nur ganz im Geheimen geschehen; denn die Sklavenbesitzer glaubten, es sei zu ihrer Sicherheit notwendig, die Neger in tiefer Unwissenheit zu halten. Darum wurde es sogar durch ein Staatsgesetz streng verboten, diese armen Geschöpfe lesen und schreiben zu lehren. Für das größte Verbrechen galt jedoch bei den meisten Pflanzern, sie in dem christlichen Glauben unterrichten zu wollen. Mancher gottesfürchtige Weiße, der trotz aller Gefahr dies dennoch wagte, büßte seine Menschenliebe mit einem gewaltsamen Tod. Sklaven aber, bei denen man ein Streben nach solcher Erkenntnis bemerkte, wurden bis aufs Blut gepeinigt; doch das Leben rettete ihnen gewöhnlich der Geiz der Besitzer.

Clio, Johannes und Christine wussten das alles. Auch bemerkten die beiden Kinder, wie man sie soviel wie möglich von den anderen Negern entfernt zu halten suchte, damit sie diesen ihren Glauben nicht mitteilen könnten. Doch wenn ihnen die Gefahr, der sie sich durch ihre gemeinsamen Andachten aussetzten, auch bekannt war, so dachten sie doch: »Fürchtet euch nicht vor denen, die den Leib töten, aber die Seele nicht zu töten vermögen. Fürchtet euch aber vielmehr vor dem, der Leib und Seele zu verderben vermag in die Hölle!« Dabei wandten sie jedoch zu ihrem Schutz alle vernünftige Vorsicht an. Das Neue Testament lag den Tag über an einem versteckten Platz und sie hielten die gemeinschaftlichen Andachten in der ersten Morgenfrühe oder in stiller Nacht. So glaubten sie sich ziemlich sicher und ahnten nicht, dass eine Schlange sie umschlich, die nur auf eine Gelegenheit wartete, sie zu überfallen.

Einst waren die drei auch noch ziemlich spät in der Nacht bei einem Gespräch über den Glauben. Johannes hatte Clio mehrmals die Abschiedsrede des Herrn im 17. Kapitel des Johannes-Evangeliums vorlesen müssen, von der sie tief ergriffen war. Er hatte das Buch noch in der Hand. Christine saß neben Clio und hatte ihre Rechte in die Hand ihrer mütterlichen Freundin gelegt. Gerade stieg der Mond hinter dem Wald herauf und erhellte die dunkle Hütte, in der bisher nur eine matte, vorsichtig bedeckte Lampe brannte. Da meinten sie ein Geräusch hinter sich zu hören. Erschrocken blickten sie sich um und sahen Bill, wie er mit teuflisch hohnlachendem Gesicht zur Tür hereinsah. Johannes ließ vor Schreck das Buch fallen: Christine und Clio schrien laut auf. Bill öffnete jetzt die Tür weit und die armen Sklaven sahen zitternd die furchtbare Peitsche in seiner Hand.

»Wollt ihr's immer noch den Christenmenschen nachmachen?«, brüllte er Johannes und Christine an, während er hereinpolterte und zuerst das Buch, das dem Jungen entfallen war, zu sich steckte.

»Wir *sind* Christen!«, erwiderten die drei wie aus einem Mund, empört über die Grausamkeit des Mannes, der nicht genug daran hatte, ihre Leiber zu quälen, sondern auch das Heil ihrer Seelen ihnen nicht gönnen wollte. Bill lachte laut auf; er packte eins nach dem anderen und peitschte sie unter fürchterlichen Flüchen so lange, bis sie zu Boden fielen und halb ohnmächtig zu seinen Füßen lagen.

Christenrache

Es waren fast zwei Jahre verflossen, seit Johannes und Christine sich auf der Pflanzung Blairs befanden, und das Zuckerrohr begann wieder gelb zu werden, als unter den Negern etwas Ungewöhnliches vorging. Bei Tag waren sie wie bisher die demütigen, unterwürfigen Sklaven, ja manche schienen ihre Qualen geduldiger zu tragen als je. Aber in dunkler Nacht schlichen sich viele der Männer einer nach dem anderen von ihren Hütten weg und versammelten sich tief im Wald in einer einsamen Schlucht. Hier verabredeten sie einen verzweiflungsvollen Plan.

Blairs Grausamkeit schien mit jedem Tag zuzunehmen, und ihre Lage wurde immer unerträglicher. Sie hatten im Sinn, sich zu empören und mit den Waffen in der Hand entweder zu sterben oder sich ihre Freiheit zu erkämpfen. Viele andere Neger, die sich bei Tag in den ungeheuren Wäldern versteckten, trugen bei Nacht die Botschaft zwischen den verschiedenen Versammlungen hin und her. Alle wollten zu gleicher Zeit losbrechen.

Eines Nachts fuhr Christine plötzlich aus dem Schlaf auf. Sie richtete sich empor, da sie meinte, ein gellendes Geschrei gehört zu haben. Sie horchte, doch es war alles still um sie her und sie wollte sich eben wieder hinlegen, als ganz deutlich dieselben furchtbaren Töne von neuem erschallten. Sie sprang erschrocken auf und öffnete die Tür.

Eine ungewöhnliche Helle kam ihr entgegen: Und wer beschreibt ihren Schrecken, als sie das Herrenhaus in lichten Flammen stehen sah! Vor den Negerhütten war reges Leben: Frauen und Kinder standen vor den Türen und Männer liefen mit blanken Messern hin und her.

Christine weckte sofort ihren Bruder und Clio, und kaum hatten diese sich von ihrem Lager erhoben, als von draußen wütendes Geschrei ihrer Landsleute an ihr Ohr drang. Jetzt wurde die Tür der Hütte aufgerissen, und herein stürzte Blair, der aus einer klaffenden Wunde blutete.

»Rettet mich! Verbergt mich! Sie sind mir auf dem Fuß!«, keuchte er mit bebender Stimme.

Da stand nun ihr bisher so übermütiger Gebieter, der grausame Unterdrücker, in hilfloser Lage. Sie brauchten nur die Tür zu öffnen und ihren Rache schnaubenden Landsleuten, die ihn verfolgten, hereinzurufen, und er war auf der Stelle ein Mann des Todes. Aber jetzt bewährte sich die Kraft des Evangeliums an ihren Seelen. Nur einen kurzen Augenblick standen sie regungslos da, dann lief Christine zu ihrem Lager, das sie in einer Ecke befand, und begann das Stroh eilig auf die Seite zu häufen. Clio und Johannes verstanden ihre Absicht und sprangen ihr sogleich bei: Sie schafften das Lager schnell zur Seite, hießen Blair, sich auf die leere Stelle hinzustrecken, und bedeckten ihn dicht mit Stroh. Kaum war dies geschehen, als einige wilde Negergesichter zur Hütte hereinblickten, die aber, da nur die drei Bewohner darin sichtbar waren, ebenso schnell wieder verschwanden.

Es war eine furchtbare Nacht für die beiden Geschwister. Draußen erscholl das Wut- und Jubelgeschrei der Neger, die ihre Sklavenketten gesprengt hatten und wie wilde Tiere an der Familie und Dienerschaft ihres Unterdrückers blutige Rache übten. Und in der Hütte selbst schnitt ihnen das Stöhnen des Schwerverwundeten in die Seele, dem sie aus Furcht vor Entdeckung kaum die nötigsten Erleichterungen gewähren konnten. Dieser schreckliche Zustand dauerte einige Stunden.

Endlich wurde es stiller und stiller, und im Osten dämmerte der Tag. Johannes verließ jetzt die Hütte, um Erkundigungen über den Stand der Dinge einzuziehen und womöglich für den unglücklichen Blair, der im Sterben zu liegen schien, Hilfe herbeizuschaffen. Mit klopfendem Herzen schloss er die Tür hinter sich zu. Er fürchtete, auf entsetzliche Szenen zu stoßen. In mehreren Hütten, die er öffnete, war alles wie ausgestorben; kein lebendiges Wesen ließ sich sehen. Es wurde ihm unheimlich zumute. Endlich hörte er schwere Schritte sich nahen. Es war der alte Hektor. Von diesem erfuhr er, was vorgefallen war.

Der Empörungsplan der Neger auf den benachbarten Pflanzungen war nämlich entdeckt worden, und diese hatten sich daher nicht, wie verabredet, mit denen Blairs vereinigen können. Da nun die Sklaven von Blair sich zu schwach fühlten, um für sich allein den Plan auszuführen, so hatte der größte Teil von ihnen bei dieser Nachricht die Flucht ergriffen.

Schon waren auch einige Nachbarn Blairs mit bewaffneter Mannschaft herbeigeeilt und gerade noch recht gekommen, um den einen Flügel des Herrenhauses zu retten. Nach Blair selbst hatten sie bisher überall vergeblich gesucht.

Als Johannes dies hörte, lief er, ohne sich lange zu besinnen, schnell zu dem Herrenhaus. Der größte Teil des ansehnlichen Gebäudes war nur noch ein Schutthaufen. Rauchende Balken und geschwärzte Steine lagen da, wo sonst reichgeschmückte Zimmer gewesen waren. Die schönen Orangenbäume auf den Steintreppen waren umgestürzt und zertreten und die großen Töpfe, in die sie gepflanzt waren, lagen in Scherben umher.

Von den Blättern eines solchen umgestürzten Orangenbaumes fast bedeckt, sah Johannes den toten Körper des einst so gefürchteten Bill unterhalb der Treppe liegen. Die Leiche Toms wurde gerade von einigen fremden Negern zu dem erhaltenen Teil des Hauses getragen.

Als Johannes einem Weißen, der zwischen den Trümmern umherging, die Lage Blairs mitteilte, folgte ihm dieser sofort mit einigen Dienern zu seiner Hütte. Hier wurde der Ohnmächtige auf eine Tragbahre gelegt und nach Hause gebracht.

Einige Stunden später erhielt Johannes den Befehl, unverzüglich in das Herrenhaus zu kommen. Als er dort ankam, wurde er in das Zimmer geführt, wo Blair lag. Ein Geistlicher, ein Arzt, zwei Gerichtspersonen und mehrere Pflanzer waren anwesend. Blair war bald, nachdem er in sein Haus gebracht worden war, aus seiner Ohnmacht erwacht; doch der Arzt hatte ihm auf seine Frage offen erklärt, dass er den nächsten Tag nicht erleben werde. Todbleich lag er in seinem Bett. Sobald er Johannes erblickte, winkte er ihn mit der Hand zu sich. Als dieser vor seinem Bett stand, sagte Blair mit matter Stimme, so dass er aus Schwäche oft innehalten musste: »Junge, ich habe euch Böses getan; aber ihr habt das Böse mit Gutem vergolten. Ihr seid frei – du, deine Schwester und Clio. – Herr Leslie, geben Sie ihm die Briefe!«

Bei diesen Worten überreichte Herr Leslie, der Notar, Johannes die drei Freibriefe, mit großem gerichtlichem Siegel versehen. Überwältigt vor Glück fiel Johannes auf seine Knie nieder, und während er in abgebrochenen Worten seinen Dank stammelte, fielen seine Tränen auf die blasse Hand des Sterbenden. Alle Anwesenden waren gerührt; selbst der rohe Pflanzer musste sich heimlich eine Träne aus dem Auge wischen.

Johannes stand jetzt auf und wollte sich entfernen; aber Blair flüsterte: »Warte, ich habe noch etwas auf dem Herzen!« Hierauf sah er die Anwesenden, die im Kreis sein Lager umstanden, an und sagte mit matter Stimme: »Meine Herren, ich habe ein großes Unrecht gutzumachen. Vor zwei Jahren gewann ich den Prozess gegen den Deutschen Leonhard – sein Gut am Mississippi fiel mir zu. Aber es war dabei Betrug im Spiel. Das Recht ist auf seiner Seite. Herr Leslie wird ihm die Urkunden zustellen. – Gott sei mir Sünder gnädig!«

Wer war glücklicher als Johannes? Dass Leonhard, sein geliebter Herr, wieder zu seinem früheren Besitztum kommen sollte, freute ihn noch mehr als die Erlangung seiner eigenen Freiheit. Wie im Flug eilte er seiner Hütte zu. Die Freibriefe hoch in die Luft schwingend, verkündete er Clio und Christine die doppelte Freudenbotschaft. Der Jubel in der ärmlichen Negerhütte war unbeschreiblich. Lob und Dank gegen den treuen Herrn erfüllte die Herzen; fröhliches Lachen und Singen wollte fast kein Ende nehmen.

In den Freudenbecher sollte sich jedoch bald auch ein Tropfen Wermut mischen. Denn obwohl Clio die glückliche Wendung in dem Leben der beiden Geschwister mit Freuden begrüßte, war der Gedanke an eine baldige Trennung von ihnen ihr doch schmerzlich. Was sollte aus ihr werden? Stand sie dann nicht wieder einsam und verlassen da?

Noch am selben Tag starb Blair. Von seiner ganzen Familie war nur noch sein Töchterchen am Leben, das eine treue Negerin im Keller versteckt hatte. Bei der Bestattung Blairs, die zwei Tage nachher stattfand, waren außer dem Kind nur noch Johannes, Christine und Clio zugegen.

Der Negeraufstand wurde unterdrückt und den Flüchtigen nachgesetzt. Die meisten waren auch wieder eingefangen und die Schuldigen streng bestraft worden.

Johannes hatte von dem Notar erfahren, daß Herr Leonhard sich noch immer in New Orleans aufhalte. Auch war ihm von dem freundlichen Mann erlaubt worden, seinem Schreiben dorthin einen Brief beizulegen, worin er dem väterlichen Freund seine und seiner Schwester Lage mitteilte und ihn um seinen Rat für die Zukunft bat.

Das Wiedersehen

»Ob wohl Herr Leonhard unseren Brief nicht erhalten hat? Immer noch ist keine Antwort von ihm ge-

kommen!«, sagte eines Tages Christine mit besorgter Miene zu ihrem Bruder.

Während sie noch so sprachen, sahen sie einen wohlgekleideten Weißen den Weg zum Herrenhaus daherkommen. Ein Negerjunge von der

Pflanzung ging vor ihm her, um ihm, wie es schien, den Weg zu zeigen. Sie kamen immer näher – und wer beschreibt die freudige Überraschung der Geschwister, als sie in dem fremden Mann Herrn Leonhard erkannten! Sie liefen ihm schnell entgegen, küssten seine Hände und führten ihn wie im Triumph in ihre Hütte. Der junge Neger, der ihn begleitet hatte, war vor Erstaunen außer sich, als er die Zärtlichkeit und Freude der beiden Geschwister und das freundliche Benehmen des vornehmen weißen Mannes gegen seine schwarzen Landsleute sah. Er stand noch wie versteinert da, als diese schon hinter der Tür der Hütte verschwunden waren.

Wieviel hatten sich jetzt die drei Glücklichen zu erzählen! Herr Leonhard musste in New Orleans mit den Seinen in sehr kümmerlichen Verhältnissen leben. Doch nun war die Prüfung vorbei und aller Schmerz löste sich in freudigen Dank gegen den barmherzigen Vater im Himmel auf. Frau Leonhard war mit ihren Kindern und den Dienstboten schon am vorigen Tag nach Mariental vorausgefahren, um bis zur Ankunft ihres Mannes alles wieder in den alten behaglichen Zustand zu versetzen.

»Und jetzt kommt ihr wieder mit mir nach Mariental«, fuhr Herr Leonhard fort, »und zwar nicht als Dienstboten, sondern als meine Kinder.« Die beiden Geschwister waren zu bescheiden gewesen, in ihrem Brief diesen Wunsch zu äußern. Desto größer war nun ihre Freude. Sie konnten es kaum erwarten, das liebe Mariental und Frau Leonhard mit ihren Kindern wieder zu sehen.

Während zwischen Herrn Leonhard und den beiden Kindern diese frohe Szene des Wiedersehens vorging, stand Clio traurig im Hintergrund der Hütte, und bei dem Gedanken an ihre Verlassenheit rollte eine Träne nach der anderen über ihr dunkles Gesicht. Johannes und Christine hatten es in ihrer Freude nicht bemerkt; aber als jetzt Herr Leonhards Blick auf sie fiel, fragte er: »Ist das nicht eure Leidensgefährtin Clio, von der du mir geschrieben hast, Johannes?«

Als seine Frage bejaht wurde, ging er freundlich auf Clio zu, gab ihr die Hand und fragte liebevoll nach der Ursache ihrer Tränen. Schluchzend schilderte sie ihm ihre verlassene Lage.

»Aber meinst du denn«, erwiderte er, »dass wir dich, unsere neue Glaubensgenossin, so ganz allein zurücklassen werden? Willst du nicht mit uns nach Mariental ziehen und für immer bei uns wohnen?«

Clio weinte nun nicht mehr Tränen des Schmerzes, sondern der Freude. Christine umschlang sie mit beiden Armen und freute sich, dass sie sich nicht von Clio trennen musste.

»Doch jetzt, ihr Lieben«, mahnte Herr Leonhard endlich, »lasst uns eilen, damit wir noch zu rechter Stunde nach Mariental kommen. Unterwegs haben wir Zeit, uns unsere seitherigen Erlebnisse zu erzählen.«

Clio, Johannes und Christine nahmen Abschied

von ihrer Hütte, in der sie so viel Leid und Freude miteinander geteilt hatten, und machten sich mit Herrn Leonhard auf den Weg. Nicht weit vom Herrenhaus stand ein Wagen für sie bereit. Diesen bestiegen sie, und bald war die Pflanzung ihren Blicken entschwunden.

Es war am Abend, als der Wald, durch den sie fuhren, sich öffnete und das freundliche Mariental mit seinen wohlbekannten Wiesen, Feldern und Gärten vor ihnen lag. Herr Leonhard stieg nun mit seinen Reisegefährten aus und ging zu Fuß den breiten Wiesenweg entlang, um die Seinen zu überraschen. So kamen sie, nur leise miteinander redend, bis vor das Haus, ohne dass jemand von der Familie es merkte. Wahrscheinlich war man in der Mitte der Wohnung mit Auspacken beschäftigt. Als sie in den Hausflur traten, kam ihnen der kleine Heinrich entgegen. Dieser jauchzte laut auf vor Freude und sprang vor ihnen her in das Wohnzimmer, um ihre Ankunft zu verkündigen.

Bald war die große Familie um sie versammelt. Auch die Knechte und Mägde, die schon früher bei Herrn Leonhard gedient hatten und Johannes und Christine kannten, kamen herbei, um diese nach so langer Zeit wieder zu begrüßen. Die Freude war sehr groß. Auch Clio wurde von allen mit großer Liebe aufgenommen und fühlte sich nach kurzer Zeit wie unter alten Freunden.

Als der erste Sturm der Freude vorüber war,

stellte Frau Leonhard mit ihrer ältesten Tochter Marie einen Tisch zurecht und trug allerlei Erfrischungen auf. »Mit unserer Einrichtung«, sagte sie, »werden wir morgen bald fertig sein; jetzt lasst uns das frohe Fest des Wiedersehens miteinander feiern.« Alle setzten sich vergnügt um den Tisch.

»Und wisst ihr auch«, fragte Herr Leonhard, indem er sich an seine jüngeren Kinder wandte, »wem unter uns wir es zu verdanken haben, dass wir hier so froh beisammen sitzen können und dass Marien-tal wieder unser Eigentum ist?«

»Dem Johannes und der Christine!«, rief die achtjährige Luise, indem sie die Hand von Christine, neben der sie saß, drückte. »Hätten sie dem bösen Blair nicht geholfen, so wäre er umgebracht worden, und dann hätte er nicht mehr sagen können, dass Mariental dir gehöre, Vater.«

»Du hast recht, mein Kind«, erwiderte Herr Leonhard freundlich, »wären Johannes und Christine dem Beispiel ihres Heilands nicht gefolgt und hätten ihrem Peiniger und Unterdrücker nicht Feindesliebe bewiesen, so wären sie ohne Zweifel noch Sklaven, und wir befänden uns noch in unserer Not in New Orleans. Ja, ihr lieben Kinder«, und hiermit wandte er sich an Johannes und Christine, »jetzt, da wir alle hier versammelt sind, sage ich euch im Namen aller unseren herzlichen Dank; denn ihr seid durch eure Nachfolge Jesu unsere Retter geworden.«

»Wenn wir je etwas Gutes getan haben«, entgegnete Johannes ganz beschämt, »haben wir dann nicht alles von Ihnen gelernt? Durch Sie allein sind wir ja mit der Lehre Jesu bekannt geworden und Ihre letzte Ermahnung an uns war, unsere Feinde zu lieben.«

»Und Gott«, setzte Christine hinzu, »ist es gewesen, der uns geholfen hat, allen Hass gegen Blair und den wilden Tom zu überwinden.«

»Du hast das Rechte getroffen, Christine«, sagte Herr Leonhard; »ja, Gott ist es gewesen, der euch zu allem Guten tüchtig gemacht hat. Gott hat uns Seinen geliebten Sohn gesandt, und durch Ihn sind wir zu Seinem himmlischen Reich berufen worden; Gott hat euch zu mir geführt und mir die Kraft gegeben, Sein Wort in eure Seelen zu pflanzen; Gott war bei euch in der Sklaverei. Er hat in Seiner ewigen Weisheit und Güte alles so geführt, dass wir, geläutert im Ofen der Trübsal, jetzt wieder so fröhlich beisammen sein dürfen! Der Name des Herrn sei gelobt!«

»Und noch eine andere Freude hat Er in Seiner Barmherzigkeit für euch bestimmt«, sagte Frau Leonhard, indem sie ihren Mann mit einem fragenden Blick ansah. Dieser nickte bejahend, und sie fuhr fort: »Habt ihr seither auch an eure Mutter gedacht?«

»O ja!«, antworteten die beiden Geschwister und ihre heiteren Gesichter nahmen plötzlich den Ausdruck von Kummer an. »Jeden Morgen und jeden Abend haben wir für sie gebetet«, setzte Christine hinzu.

Herr und Frau Leonhard sahen einander bedeutungsvoll an und der Hausherr gab seinem Sohn Wilhelm einen Wink, worauf dieser lächelnd das Zimmer verließ. Nach einigen Minuten öffnete er die Tür wieder und mit Wilhelm trat eine ältere Negerin herein. Die Kinder blickten alle auf Johannes und Christine; die zwei kleinsten kicherten untereinander. Die Negerkinder schauten verwundert bald auf die fremde Negerin, bald auf die Tischgesellschaft, da sie alle Blicke auf sich gerichtet sahen.

»Kennt ihr eure Mutter nicht mehr?«, fragte endlich Frau Leonhard.

Da war es Johannes und Christine, als ob ihnen auf einmal eine Decke von den Augen genommen würde. Plötzlich erkannten sie ihre Mutter wieder. Sie flogen in ihre Arme und lange konnte keines von den dreien Worte finden, seine Freude auszudrücken.

Als die beglückte Mutter zwischen ihren wiedergefundenen Kindern saß, sagte Herr Leonhard: »Der heutige Tag ist ein Abbild von dem großen Tag, wo wir in jener Welt uns wiederfinden werden und wo Gott alle Tränen von unseren Augen abwischen wird. Wie selig wird der Augenblick sein, wenn dort die Mutter die beweinten Kinder, der Mann die verlorene Frau, der Bruder die vorausgegangene Schwester, der Freund den vermissten Freund wiedersehen wird, wenn alle, die an den Erlöser glauben und Ihm nachfolgen dort wieder miteinander vereint sein dürfen!«

Wieviel gab es nun in dem frohen Kreis zu erzählen! Die Mutter der beiden Geschwister war bald, nachdem Herr Leonhard mit den Seinen in New Orleans angekommen war, dorthin verkauft worden. Sie wurde mit der deutschen Familie dort bekannt. Sobald Herr Leonhard wieder im Besitz seines rechtmäßigen Eigentums war, hatte er sie, besonders aus Liebe und Dankbarkeit gegen ihre Kinder, losgekauft und ihr die Freiheit geschenkt.

Nur ein Wunsch blieb Herrn und Frau Leonhard noch übrig. Sie sahen, wie ein geheimer Gram an Clio nagte, besonders seit sie vom Wiedersehen zwischen den beiden Geschwistern und ihrer Mutter Zeuge gewesen war. Es war der Gram um ihre beiden Kinder. Der gütige Leonhard und seine Gattin beschlossen, alles aufzubieten, um auch diesen Schmerz zu stillen. Lange blieben jedoch alle Nachforschungen vergeblich. Schließlich gelang es seinen Bemühungen aber doch, den Aufenthaltsort der beiden jungen Neger zu ermitteln und sie loszukaufen. Die Freude und Dankbarkeit der armen Clio und ihrer Kinder, als Herr Leonhard sie ganz unerwartet zusammenführte, war rührend.

Clios Kinder sowie die Mutter von Johannes und Christine hatten nun im Hause Leonhard immer wieder Gelegenheit, das Evangelium zu hören. Und das Schönste war, dass sie es mit gläubigem Herzen annahmen und den Herrn Jesus Christus als ihren Heiland kennen lernten und es dann ihr Wunsch war, Ihm in ihrem ferneren Leben treu nachzufolgen.

Aller Schmerz und alle Angst der vergangenen Zeit lagen nun wie eine abgewälzte Last hinter ihnen, und die unendliche Gnade und Liebe Gottes stand hell vor ihren Augen und erwärmte ihre Herzen mit ihren Strahlen.

Nach Gustav Plieninger

Enno hat es erfasst!

Im Wirtshaus zum »Goldenen Fass« erblickte ich das Licht der Welt, erzählt Enno, ein Seemann.

Mein Vater war ein rechter Weltmensch und brüstete sich manchmal damit, dass er nie zur Kirche ging, höchstens bei einer Taufe oder Beerdigung.

Meine Mutter war ernster veranlagt. Sie scheute sich sogar nicht, manchmal einen weiteren Weg dahin zu machen, wo Gottes Wort verkündigt wurde. Sie suchte auch uns Kinder so gottesfürchtig zu erziehen, wie das in einem Wirtshaus möglich war.

Als ich älter wurde, trat ich als Lehrling in ein Eisenwarengeschäft ein. Ich war damals ein sehr eigenwilliger und ungezogener Junge. Meine Mutter war uns Kindern gegenüber viel zu nachgiebig gewesen. Wir hatten eigentlich alles tun dürfen, was wir wollten. Wir hatten tanzen gelernt, hatten das Theater besucht und hatten so ziemlich alles mitgemacht, wonach es die Jugend gelüstet. Allerdings waren wir auch zur Sonntagschule gegangen, aber ich war ohne tiefere Eindrücke geblieben.

Als ich in den Beruf kam, hatte ich noch mehr Gelegenheit, dem Vergnügen und der Sünde zu leben. Aber damit noch nicht zufrieden, beschloss ich, heimlich meine Stelle zu verlassen und mir die weite Welt anzusehen. Auf diese Weise hoffte ich, das Leben erst recht genießen zu können.

Ich ging zur See. Ein Kapitän, der Ladung nach Valparaiso hatte, nahm mich als Schiffsjunge mit. Ich traf es bei diesem Mann, wie ich es verdient hatte. Er war ein grausamer Mensch, der das geringste Versehen mit rücksichtsloser Härte bestrafte. Oft musste ich mir eine unliebsame Begegnung mit dem Tauende gefallen lassen.

Ich kann nun nicht im Einzelnen beschreiben, was mir im Lauf der Jahre bei meinen Seereisen alles begegnete. Oft entging ich nur wie durch ein Wunder dem Tod. So entsinne ich mich eines schrecklichen Sturmes in der Nähe von Kap Hoorn.

Unser Schiff hatte viel zu viel geladen und kämpfte schwer gegen Sturm und Wogen. Eine Sturzsee ging über Deck, die das ganze Schiffsgerät mitriss, eine weitere Flutwelle folgte, und eine dritte füllte das Schiff derart mit Wasser, dass das Schlimmste zu befürchten stand. Ich hielt mich im Takelwerk fest, glaubte aber bestimmt, mein letztes Stündlein habe geschlagen. Denn eine solche See konnte das schwer beladene Schiff unmöglich lang aushalten.

Ich fühlte, dass ich verloren war. Ich war nicht darauf vorbereitet, einem heiligen Gott zu begegnen, und mit dem sinkenden Schiff würde meine Seele rettungslos in den Abgrund fahren.

Merkwürdigerweise aber ließ der Sturm plötz-

lich nach. Wir waren gerettet. Ich dankte Gott aus tiefem Herzen.

Dieses Erlebnis diente dazu, das Gefühl in mir zu vertiefen, dass es anders mit mir werden müsse.

Ein anderer Vorgang machte einen noch tieferen Eindruck auf mich. Ich war mit einem Spanier in Streit geraten. Wir hatten einander fest gepackt. Da gelang es meinem Gegner, seinen Dolch zu ziehen.

Er war im Begriff, mir die scharfe Waffe in die Brust zu stoßen, und ich wäre sicher nicht lebendig davongekommen, wenn nicht im entscheidenden Augenblick ein dritter Kamerad dem Wütenden in den Arm gefallen wäre.

So wurde ich gerettet. Auch dieses Ereignis bewies mir, dass Gott gnädig ist.

Das Gefühl über meinen verlorenen Zustand wurde mit der Zeit immer stärker in mir. Ich überlegte, wie ich mir einen Platz im Himmel sichern könnte. Ich versuchte, mich innerlich und äußerlich zu bessern. Wenn ich mich bei bösen Gedanken ertappte, so taten sie mir leid. Entfuhr mir einmal ein Fluch, so machte mich das tagelang unglücklich.

Oft dachte ich an die Stunden in der Sonntagschule zurück und suchte mich an das damals Gehörte zu erinnern. Leise summte ich dann manchmal die alten Kinderlieder vor mich hin. Doch war ich immer darauf bedacht, dass meine Kameraden mich nicht hörten, denn ich fürchtete ihren Spott.

Ich tat alles, um ein besserer Mensch zu werden, aber ich hatte wenig Glück damit. Ich war noch nicht mit mir selber zu Ende gekommen; ich hatte mich noch nicht so gesehen, wie Gottes Augen mich sahen, nämlich als einen verlorenen Sünder. Aber Gott, der das gute Werk in mir angefangen hatte, führte es auch zu Ende.

Ich befand mich in Chile und wurde hier mit einer Anzahl jüngerer Matrosen bekannt. Es waren durchweg sorglose, ja leichtsinnige Burschen. Vier von uns nahmen Dienst bei einem Spanier, der die Küste entlang nach Caldera fahren wollte. Die Heuer, den Lohn für einen Monat, hatten wir schon in der Tasche.

Da kam einem von uns ein toller Einfall. Er machte den Vorschlag, wir sollten uns mit dem Geld aus dem Staub machen; und wir anderen willigten ein.

Aber der Spanier ließ uns nicht so ohne weiteres ziehen. Er zeigte uns bei der Polizei an, und es dauerte nicht lange, da saß sie uns auf den Fersen. An Widerstand war nicht zu denken. Die Beamten waren bis an die Zähne bewaffnet und wir hatten keine Waffen, als höchstens ein kräftiges Messer.

Sehr schnell hatte man uns zurückgebracht. Als man uns ins Gefängnis einlieferte, dachte ich bei mir: Wo soll das alles enden? Im Geist sah ich meine liebe Mutter vor mir stehen und mit entsetztem Blick auf ihren so tief gefallenen Sohn schauen. Da brach ich innerlich zusammen.

Es war Gottes Geist jetzt wirklich gelungen, mich zur Einsicht zu bringen. Ich sah mich, wie ich es nie zuvor getan hatte, als einen schuldigen Sünder, für den es nichts gab als die Verdammnis. Ich weinte, wie ich nie geweint hatte.

In diesem Augenblick erinnerte ich mich an die Geschichte vom verlorenen Sohn, und ich beschloss, es so zu machen wie er, zu Gott umzukehren und zu Ihm zu sagen: »Ich habe gesündigt!«

Sobald es mir möglich war, kehrte ich in meine Heimat zurück. In meiner Vaterstadt fanden gerade regelmäßige Evangeliums-Versammlungen statt. Da meine Eltern nicht mehr lebten, kehrte ich bei einer befreundeten Familie ein, von der mehrere Glieder den Herrn Jesus Christus als ihren Heiland kannten.

Eines Abends nach beendeter Versammlung saßen wir beisammen. Da fragte mich der Gastgeber, ob ich errettet sei.

»Errettet?«, erwiderte ich. »Nein, das kann kein Mensch vor seinem Tod wissen. Erst wenn er vor den Gerichtsschranken Gottes steht, wird er über diese Frage Klarheit empfangen.«

»Oh!«, rief der Hausherr, »da bist du aber im Irrtum! Meine Frau und ich, und auch Anne, wir alle wissen, dass wir errettet sind.«

Nanu, dachte ich bei mir, müssen das aber gute Leute sein, dass sie das so genau wissen!

»Möchtest du nicht auch errettet werden?«, fragte mein Gastgeber nach einer Pause aufs Neue.

Diese Frage konnte ich getrost bejahen, denn ich sehnte mich schon lange nach Sündenvergebung und Frieden.

»Glaubst du, dass du ein Sünder bist?«

»Ja, ganz gewiss!«

»Dann sollst du wissen, dass Jesus für dich gestorben ist, denn es steht geschrieben: »Gott erweist seine Liebe zu uns darin, dass Christus, da wir noch Sünder waren, für uns gestorben ist.«

Auch für dich ist Er also gestorben. Er ist auf diese Erde gekommen, um auch für dich Sühnung zu tun. Und was Er vorhatte, das hat Er ausgeführt, denn seine letzten Worte waren: »Es ist vollbracht!«

»Somit bleibt für dich nur übrig«, fuhr mein Gastgeber fort, »den Nutzen aus dem zu ziehen, was seine Liebe für dich getan hat. Noch heute Abend, während du in diesem Sessel sitzt, kannst du die Gewissheit deiner Errettung erlangen. Alles ist vollbracht. Du brauchst nur zu kommen und zu nehmen.«

Bei diesen Worten nahm der Mann seine Bibel zur Hand und las Johannes 3 Vers 16: »Denn so hat Gott die Welt geliebt, dass er seinen eingeborenen Sohn gab, damit jeder, der an ihn glaubt, nicht verloren gehe, sondern ewiges Leben habe.«

Ich konnte nicht gleich eine Antwort auf diese Ausführungen finden. Sollte es wirklich möglich sein, dass auch für mich, den verdammenswerten Sünder, das Werk bereits vollbracht war? Sollte ich so, wie ich hier saß, zu Jesus gehen und durch den einfachen Glauben an Ihn Heil und Errettung finden können?

»Nein, das ist zu einfach und auch viel zu billig«, meinte ich endlich. Mein törichtes Herz war noch nicht im Stand, einfältig auf Gottes Wort zu bauen, das doch bestimmt und deutlich erklärt: »*Jeder,* der an Ihn glaubt, geht nicht verloren, sondern hat ewiges Leben.«

Aber mein Gastgeber ließ sich nicht abweisen. Im Ton eines unerschütterlichen Vertrauens entgegnete er: »›Gott hat seinen Sohn nicht in die Welt gesandt, damit er die Welt richte, sondern damit die Welt durch ihn errettet werde.‹ Ist das nicht einfach und klar? Sage, Enno, willst du an Ihn glauben?«

»Ja, ich will!«, erwiderte ich. Ich konnte nicht mehr anders.

»So ist es recht«, kam es da wie aus einem Mund über die Lippen von allen, die im Zimmer anwesend waren. »Das halte fest. Wer an Ihn glaubt, geht nicht verloren.«

In jener Stunde hat mein Heiland mich gefunden, und Er hat mich festgehalten bis zu diesem Augenblick.

Aus: »Samenkörner«

Wie Wolf Skin sich rächte

Rache, Rache!

Das war der Gedanke, der das Herz Wolf Skins, des kupferfarbigen Pelzhändlers, erfüllte, als er auf einsamem Waldpfad der Hütte von Patrik Murphy, dem Iren, zueilte. Wolf Skin sah in diesem Augenblick erschreckend aus in seinem Grimm und dem Rachedurst, der ihn erfüllte.

Im Allgemeinen war er ein ruhiger Mann, der friedlich seinem Gewerbe nachging. Die Glanzzeit des Indianertums war ja längst vorüber. Sie beschritten weder den Kriegspfad noch verübten sie die Heldentaten, von denen die bekannten Indianerbücher berichten. Berittene weiße Polizei bewachte die Prärie und sorgte für Ordnung in den Indianer-Reservaten der Vereinigten Staaten.

Aber trotz der damit verbundenen Gefahr und obwohl seine Landsleute ihm abrieten, hatte Wolf Skin noch einmal sein altes Kriegskleid hervorgeholt, hatte den seltsamen Kriegsschmuck angelegt, seine Flinte gereinigt und sich in diesem Aufzug auf den Weg gemacht, um den falschen Iren zu strafen, der ihn durch höhnende Worte beleidigt und ihm eines seiner schönsten Felle gestohlen hatte.

Wolf Skin hatte erst zwei Meilen durch den Wald zurückgelegt, und die Strecke, die vor ihm lag, war noch weit. Es dämmerte bereits. Da stieß er unvermutet auf eine große Bärin mit zwei Jungen.

Erschrocken wich er zurück, fasste sich aber schnell und eilte, indem er eines der Jungen beiseite stieß, vorwärts. Doch da nahte sich die alte Bärin, durch den Klagelaut des Jungen gereizt, und drang ungestüm auf den Indianer ein.

Im Halbdunkel strauchelte Wolf Skin, glitt aus und schlug mit dem Kopf an einen Felsblock – bewusstlos blieb er liegen. Beim Fallen entglitt die Flinte seiner Hand und entlud sich. Fast im gleichen Augenblick schlug der Bär seine Pranken in das Bein des Indianers, ließ aber, erschreckt durch den Flintenschuss, wieder los und ging schnuppernd um die ausgestreckte Gestalt herum.

*

Es war Abend. Herr Jackson, der junge Indianer-Missionar, war aus der Nordkolonie seines Bezirks zurückgekehrt und streifte mit seinem Pferd durch den Wald, als ein Flintenschuss die Stille durchbrach.

»Was ist das?«, fragte er sich erstaunt. »Vermutlich ein später Jäger, und zwar in allernächster Nähe!«

Er stieg vom Pferd, band es an einen Baum und drang durch das Buschwerk. Er brauchte nicht weit zu gehen, bis er einen Indianer, schutzlos einem schwarzen Bären preisgegeben, am Boden liegen sah. Der Schreck lähmte Jackson einen Augenblick die Glieder, doch ermannte er sich schnell, hob seine Büchse und feuerte.

Der Bär taumelte und fiel. Er war zu Tode getroffen.

Jackson trat zu dem Bewusstlosen und erkannte das Gesicht Wolf Skins, des ihm wohl bekannten Prärie-Originals.

»Auf dem Kriegspfad?«, sagte er verwundert. »Was hat das zu bedeuten?«

Er legte dem Indianer den Kopf höher und rief ihn an.

Langsam öffnete Wolf Skin die Augen und blickte umher. Aber sogleich schlossen die schweren Lider sich wieder.

»Wach auf, Wolf Skin!, wach auf!«, rief der Missionar aufs Neue.

Als sein Name genannt wurde, kehrte das Bewusstsein des Indianers zurück. Er richtete sich ein wenig in die Höhe und bemühte sich, sich zu setzen. Jackson half ihm dabei. Da lag der Bär tot vor ihm, und die Jungen irrten klagend umher. Mit Anstrengung sprach der Indianer:

»Weißer Mann gut, sehr gut! Weißer Mann Indianer helfen, Rache nehmen.«

»Schon recht, schon recht, Wolf Skin«, versetzte der Missionar. »Denke jetzt nicht an Rache! Du bist von den Krallen des Bären böse zugerichtet. Ich will dir auf mein Pferd helfen und dich zu meiner Hütte bringen.«

»Weißer Mann sehr gut, sehr gut!«, war die Antwort.

Jackson hob ihn aufs Pferd und während er den Verwundeten beim Reiten stützte, führte er das Tier sorgfältig einige Meilen weit durch den Wald.

Mit gewaltiger Willensanstrengung hatte der Indianer sich aufrecht gehalten, aber als sie an der Blockhütte ankamen, verließen ihn die Kräfte. Aufs Neue fiel er in Ohnmacht. Jackson trug ihn hinein und bettete ihn auf ein bequemes Lager. Dann untersuchte er vorsichtig die Wunde, reinigte und verband sie und gestand sich dabei, dass seine Hände für die nächste Zeit mehr als genug zu tun haben würden.

Nach einiger Zeit kehrte das Bewusstsein des Verwundeten zurück, aber von dem Blutverlust und der gehabten Aufregung erschöpft, sank er bald in einen festen Schlaf.

Am nächsten Morgen bereitete der Missionar seinem Gast ein Frühstück, prüfte noch einmal die Wunde und erneuerte den Verband.

»Weißer Mann gut!, Weißer Mann gut! Weißer Mann Bär töten! Weißer Mann auch töten Irländer!«, sagte Wolf Skin.

Bei dem Wort Irländer horchte der Missionar auf.

»Was ist mit dem Irländer, Wolf Skin? Was hat der Irländer dir getan?«, fragte er freundlich.

Da öffnete der rote Mann dem Missionar sein Herz und erzählte ihm von der Beleidigung und dem Diebstahl des Iren. Jackson hörte ruhig zu. Als der Indianer seinen Bericht mit der Bitte schloss, ihm bei der Bestrafung des Iren zu helfen, legte Jackson ihm die Hand begütigend auf die Schulter.

»Rege dich nicht so auf, Wolf Skin. Lass die Abrechnung für einen anderen Tag und versuche jetzt an Besseres zu denken. Du darfst so lang bei mir bleiben, bis du wieder marschieren kannst.«

Die Aufgabe, die der junge Missionar sich gestellt hatte, war schwer. Es war fast unmöglich, zugleich Arzt und Pfleger zu sein, Nahrung zu bereiten, Haus und Pferd zu versorgen und dabei auch seiner Arbeit an einem Volk nachzugehen, das über eine Fläche von hundert Quadratmeilen zerstreut wohnte.

Jackson ritt daher an einem der nächsten Tage zu seinem zwei Meilen entfernt wohnenden Nachbar Mc. Bride*) und vereinbarte mit diesem, dass sein ältester Sohn John bei dem Indianer bleiben solle, während er selbst seinen anderweitigen Pflichten nachgehen wollte.

*

Seit dem Missionar das Geheimnis von dem Kriegszug des Indianers bekannt war, wusste er, was er zu tun hatte. Ein Höherer hatte ihm diesen Mann zugeführt. Er musste die Gelegenheit benutzen. Bis dahin hatte er nur selten öffentliche Ansprachen gehalten. Er zog es vor, sich zu den Leuten zu setzen und ihnen aus dem Herzen zu erzählen, was er selbst erfahren hatte.

Vielleicht war es diese einfache Art, die Wolf Skins Vertrauen gewann. Er hatte ein aufmerksames Ohr für alles, was der Missionar sagte. Nacht für Nacht sprachen sie von den Dingen, die nicht das Irdische, sondern das Ewige betreffen.

*) sprich : Mäck Breid

Zwei Wochen waren so vergangen. Für Jackson waren sie bei der angespannten Tätigkeit schnell verflogen, aber dem Indianer schienen sie eine lange, lange Zeit. Er hatte dem Evangelium gelauscht, und nach und nach hatten die Begebenheiten, die sein Rachegefühl so stark geweckt hatten, anderen Bildern und Vorstellungen Platz gemacht. Er hatte von einem »Friedenspfad« gehört und hatte eine Wegspur erblickt, die in ein glückliches Land führt.

Wolfs Herz klopfte und seine Augen strahlten, während er gespannt Acht gab auf das, was der Missionar über die wunderbaren Taten und Worte Jesu sagte. Als aber Jackson von den bitteren Leiden sprach, die der Herr hatte erdulden müssen, wie Er verhöhnt und verspottet und ans Kreuz geschlagen worden war, und wie er dabei noch für seine Feinde gebetet hatte, da ergriff es Wolf bis in die Tiefen seiner Seele.

»Uff! Uff!«, rief er aus, »Jesus sehr gut! Jesus sehr gut! Jesus braver Mann, braver als Indianer! Indianer es schwer finden, zu lernen.«

*

Eines Abends kehrte der Missionar spät von seinem Tagewerk heim. Er fand John Mc.Bride damit beschäftigt, das Abendbrot zu bereiten. Aber von dem Indianer war nichts zu sehen.

»Was? Ist der Vogel ausgeflogen? – Doch nein, die Flinte ist ja noch da! Aber wo ist das Bärenfell?«

Der Junge wusste keine Antwort. Er schien unruhig und verlegen zu sein. Als Jackson dies bemerkte, fuhr er in beruhigendem Ton fort: »Nun sage mir doch, John, was hat das zu bedeuten? Du richtest in aller Seelenruhe das Abendessen zu. Erwartest du den Mann denn zurück?«

»Allerdings, Herr Jackson! Ich schaue schon seit Stunden nach ihm aus. Er sagte, er wolle nur einen kurzen Gang machen und werde bald zurück sein. Ich dachte, da er sein Bein jetzt seit zwei Tagen wieder gebrauchen kann, es würde ungefährlich sein, ihn allein gehen zu lassen. Doch jetzt fürchte ich fast –«

»Nun, lass uns zunächst essen, und dann wollen wir sehen, was zu tun ist.«

Während die beiden beim Mahl saßen und plauderten, wurde plötzlich die Tür aufgestoßen, und herein traten der Indianer und der Irländer, der letztere heiß und erregt.

»Bei allen Heiligen, Missionar«, rief er, »der rote Mann ist schlau. Ich bin im Begriff, Holz einzufahren, als der Indianer hinter mir vom Baum springt. Wie war ich erschrocken! Er sagte, Sie brauchten Kartoffeln und gäben mir diese schwarze Bärenhaut in Tausch dafür. Aber was liegt mir daran? Ich kann ein Dutzend solcher Häute haben.«

Bevor Jackson antworten konnte, sagte der Indianer ruhig: »Nein, nein, weißer Mann! Indianer sehr listig. Indianer Irländer in eine Falle locken wollen. Indianer wünschen, Irländer von Missionar lernen.«

Da verstand Jackson.

»He, Pat, wo ist das Fell, das du von Wolf Skin gestohlen hast«, fragte er ernst.

Der Irländer, außer sich vor Erstaunen, wurde abwechselnd blass und rot. Er stotterte und stotterte, schnappte nach Luft und schwor bei allen Heiligen. Er rief den Namen seiner alten Mutter an und spie in die Hand zum Beweis seiner reinen Seele.

»Spare dir deine Worte, Patrik Murphy«, sagte der Missionar. »Der Beweis ist gegen dich. Du bist beobachtet worden, als du das Fell nahmst, und ich kenne dich zur Genüge, um zu glauben, dass du eines Diebstahls fähig bist. Dieser Indianer war auf dem Weg, sich zu rächen. Er hatte aber einen Unfall, und ich behielt ihn zwei Wochen bei mir. Da hat er zum ersten Mal die Dinge gehört, die du auf dem Schoß deiner Mutter gelernt haben solltest. Wolf versucht jetzt, die schwerste aller Lektionen zu lernen, und wünscht seinem Feind zu vergeben. Besinne dich, Murphy! Gesteh deine Schuld, bitte den Indianer um Vergebung, und werdet Freunde!«

Der Irländer war wie betäubt. Diese Erklärung benahm ihm alle Fassung. Aber schließlich – Gnade war besser als Rache. Sobald er zu dieser Erkenntnis gekommen war, fand er auch seine Sprache wieder und rief nun in überschwänglichen Worten den Segen aller Heiligen auf den Indianer und den Missionar herab. Er schwor ewige Freundschaft. Er gelobte, sein

Leben für den Roten einsetzen zu wollen, und beendigte seine Rede damit, dass er dem Indianer auf den Rücken klopfte und ihm die Hand schüttelte.

Zum ersten Mal saßen Patrik Murphy und Wolf Skin friedlich beim Abendbrot zusammen. Es war ein Friedensmahl, bei dem sich alle freuten: der Irländer, weil ihm vergeben war, der Indianer, weil er den größten Sieg, den Sieg über sich selbst, errungen hatte, der Missionar, weil seine Arbeit nicht vergeblich gewesen war, und der junge John, weil er seinen Schulkameraden eine wunderbare Geschichte erzählen konnte.

Plötzlich erhob sich der Indianer, dehnte seine Brust, drehte sich einmal nachdenklich um sich selbst und sprach dann: »Indianer die Geschichte seiner Väter lernen. Roter Mann umso stärker sein, je mehr Skalpe er gerissen, denn die Kraft des Toten in Lebenden übergehen. Rache machen stärker roten Mann – Indianer auch Geschichte von weißen Mann haben gelernt. Indianer am stärksten sein, wenn er sich selbst bezwingen – wenn er Feind vergeben, wie Jesus Feind vergeben.«

Bei diesen Worten strahlte sein dunkles Gesicht vor Freude.

*

Als sechs Monate später von den gläubigen Ansiedlern in Badger's Creek eine kleine Holzkirche erbaut wurde, befand sich unter den Männern, die auf Grund ihres Glaubensbekenntnisses in die Gemeinschaft der Christen aufgenommen wurden, auch Wolf Skin, der Indianer.

Die Arbeit des Missionars hatte gute Frucht getragen. Wieder einmal hatte die Liebe gesiegt, die Liebe Christi, die sein Diener zu üben sich bemüht hatte, vor allem aber die Liebe, die in der wunderbaren Geschichte des Heilands zu Tage tritt, der der Quell aller wahren Liebe ist, und der am Kreuz starb, »damit *jeder*, der an Ihn glaubt, nicht verloren gehe, sondern ewiges Leben habe«.

Aus: »Samenkörner«

Quellenangabe

Befreite Sklaven
(früherer Titel: *Die Geschwister von Mariental*)
Verlag der St.-Johannis-Druckerei, Lahr

Samenkörner
R. Brockhaus Verlag, Wuppertal